VIE

DE

SAINTE MARIE-MAGDELEINE

DE PAZZI

II

COLLECTION DE LECTURES ASCÉTIQUES

Vies de Saints et de Saintes, formant 20 vol. in-12, se vendant séparément 1 fr. le volume broché. Les 20 volumes pris ensemble.................................... 15 »

Aridités (les) dans l'Oraison. 1 vol. in-12............ 1 »

Art (l') de traiter avec Dieu. 1 vol. in-12......... 1 »

Saints (les) Anges. 2 vol. in-12.................... 2 »

Tableau de la Théologie ascétique. 1 vol. in-12. 1 »

Vie de sainte Angèle de Foligno. 1 vol. in-12...... 1 »

Vie de sainte Catherine de Bologne. 1 vol. in-12. 1 »

Vie de sainte Catherine de Gênes. 1 vol. in-12.... 1 »

Vie de Colombe de Riéti. 1 vol. in-12.............. 1 »

Vie de sainte Valérie, par le P. Ambroise. 1 vol. in-12. 1 »

Vie de saint Joseph. 1 vol. in-12.................... 1 »

Vie de la bienheureuse Lidwine. 1 vol. in-12.... 1 »

Vie de sainte Madeleine de Pazzi. 2 vol. in-12.... 2 »

Vie de saint Philippe de Néri. 1 vol. in-12....... 1 »

Vie de sainte Rose de Lima. 1 vol. in-12.......... 1 »

Vie de la bienheureuse Baptiste Varani. 1 vol. in-12..................................... 1 »

Vie de sainte Véronique de Giugliani. 1 vol. in-12. 1 »

Les gloires du saint cœur de Marie. 1 vol. in-12 de 462 pages, orné d'une gravure sur acier............ 3 »

Manuel des indulgences authentiques. Ouvrage approuvé par un décret de la S. C. des Indulgences. 1 fort vol. in-12.................................... 2 »

Vie du vénérable serviteur de Dieu J.-M.-B. Vianney, curé d'Ars. 5e édition. 1 vol. in-12......... 1 25

Le tombeau glorieux du curé d'Ars, 4e édition. 1 vol. in-12.................................... 1 25

Vie du vénérable serviteur de Dieu frère Egidio, religieux franciscain. 1 vol. in-12.................... 1 »

Vie de la vénérable servante de Dieu Marie-Christine de Savoie, reine des Deux-Siciles, 5e édition. 1 vol. in-12.................................... 1 25

Vie de la vénérable servante de Dieu Claire-Isabelle Gherzi, religieuse franciscaine. 1 vol. in-12. 1 25

Vie de la servante de Dieu sœur Véronique de N.-D. des Sept-Douleurs, religieuse franciscaine. 1 vol. in-12.................................... 1 »

Vie de la servante de Dieu Rite Simonetti, vierge romaine, et du V. Nunzio Sulprizio, jeune artisan napolitain. 1 vol. in-12.................................... 1 »

CORBEIL. — Typ. et stér. de CRÉTÉ FILS.

VIE

DE

SAINTE MARIE-MAGDELEINE

DE PAZZI

PAR LE P. CEPARI, DE LA COMPAGNIE DE JÉSUS

confesseur de la sainte

OUVRAGE TRADUIT DES ACTES DES SAINTS

PAR L'ABBÉ P***

ANCIEN VICAIRE GÉNÉRAL D'ÉVREUX.

TOME SECOND

LIBRAIRIE CATHOLIQUE

PERISSE FRÈRES

Nouvelle Maison à PARIS, rue Saint-Sulpice, 38

BOURGUET-CALAS ET Cⁱᵉ, SUCCESSEURS

VIE

DE

SAINTE MARIE-MAGDELEINE DE PAZZI

CHAPITRE XVI.

Du grand amour de Magdeleine pour Dieu et pour Jésus,
son époux.

UE dirai-je de l'amour dont brûlait le
cœur de cette sainte fille pour Dieu
et pour Jésus-Christ, amour qui se
manifestait dans tous ses discours,
dans toutes ses actions, et en toutes circons-
tances ? Il était si fort, si tendre, si vif, qu'il

paraît impossible d'y rien ajouter, et peut-être aura-t-on peine à croire ce que je vais en dire ; on peut être assuré cependant que je ne dirai que la vérité. Je me trompe ; je resterai certainement au-dessous de la vérité, bien loin d'en dépasser les limites. D'abord son esprit était continuellement uni à Dieu et occupé de saintes pensées : aussi, chaque fois que sa mère prieure lui demandait : « A quoi pensez-vous, ma fille ? » elle répondait aussitôt : « Ma mère, je pense à offrir » mes actions à Dieu ; » ou bien : « J'unis mes » actions à celles de mon Jésus pendant qu'il » était sur la terre ; » ou bien : « Je félicite » mon Créateur de ses divines perfections ; » ou bien : « Je me réjouis de la manière ineffable dont » il se communique à ses pauvres créatures, etc. » Or, ces saintes pensées ne troublaient nullement ses opérations extérieures ; ses suspensions étaient de telle nature, qu'on voyait son corps tout appliqué à l'action qu'elle faisait, tandis que son âme était où elle aimait, plutôt que où elle animait. Je dirai plus : son âme était tellement unie à Dieu, que, même pendant son sommeil, elle en racontait des choses admirables, mais si admirables, que ses novices, pendant les froides nuits de l'hiver, ne craignaient pas de quitter leurs lits pour entendre ce qu'elle disait. Enfin, cette union **était** arrivée à un tel point de perfection, qu'elle

put dire un jour à une de ses filles : « Il m'est
» parfaitement égal que l'on me dise : Va faire
» oraison dans le chœur ; ou bien : Va à la ré-
» création, au parloir, au réfectoire. Cette dif-
» férence des lieux ne change rien dans mon
» âme, et si je disais que je trouve encore mieux
» mon Dieu dans les endroits les plus dissi-
» pants que dans l'église, je croirais dire la
» vérité. »

Elle aimait surtout à contempler les œuvres et
les mystères du Verbe incarné ; aussi s'en occu-
pait-elle partout, même à table, en prenant sa
nourriture. C'était alors l'usage du monastère de
faire trois pauses à chaque repas. Alors la lec-
trice se taisait et les religieuses employaient ces
fractions de temps à se recueillir, ou à faire quelques actes de dévotion, ou des mortifications publiques. Notre sainte profitait de ces interruptions
pour faire trois actes pieux dont elle avait contracté
l'habitude. A la première pause, elle joignait les
mains et adorait Jésus, en se rappelant l'honneur
que son humanité sacrée rendait à sa divinité,
avant de prendre sa nourriture, et les adorations
que lui rendait sa mère dans la crèche de Beth-
léem. A la deuxième pause, elle appuyait sur la
table l'extrémité de ses doigts, en pensant aux
délices que goûtait Jésus-Christ dans l'accom-
plissement de la volonté de son Père, dont il

faisait sa nourriture, comme il nous le dit dans
''Évangile. A la troisième pause, elle plaçait ses
mains en forme de croix, en contemplant Jésus
mourant sur la sienne, rassasié de ce pain de la
volonté de Dieu, qu'il avait mangé toute sa vie,
et ne désirant plus aucune autre nourriture. Ces
saintes pensées ne lui venaient pas seulement
alors ; elles la suivaient partout, se reproduisant
sous différentes faces, pendant la journée tout
entière.

Et parce que c'est le propre d'une âme ai-
mante de vouloir tout ce que veut la personne
aimée, son désir le plus ardent était de procurer
en elle et dans les autres l'exécution de la volonté
divine. Ce saint désir, elle l'avait eu et fomenté
dans son cœur dès sa plus tendre enfance, et la
première grâce qu'elle demanda au Seigneur fut
celle de ne mourir qu'après avoir entièrement ac-
compli sa sainte volonté. Souvent, dans le cours
de sa vie, on l'entendit dire : « Je n'ai jamais fait
» une action sans la croire conforme à la volonté
» divine. Si même, après avoir commencé à agir,
» il m'était venu à la pensée que mon œuvre
» n'était pas conforme à cette volonté sainte et
» dans l'ordre de Dieu, sur-le-champ je l'aurais
» abandonnée, et si ma vie en eût dépendu,
» j'en aurais fait volontiers le sacrifice. Au con-
» traire, je n'ai jamais omis de faire une chose,

» quelque petite qu'elle fût, lorsque j'ai cru que
» Dieu la demandait de moi. Cette dépendance
» est la seule grâce que je lui aie demandée, et
» j'aurais cru tomber dans un notable défaut en
» lui demandant autre chose. Ma joie, ajoutait-
» elle, est d'accomplir la volonté de mon Dieu,
» non parce qu'elle est d'accord avec la mienne,
» mais parce qu'elle est la sienne. Aussi je ne
» suis pas moins reconnaissante quand il ne
» m'exauce pas, que lorsqu'il m'accorde ce que
» je sollicite de sa bonté. Je regarde enfin la con-
» formité à la volonté de Dieu comme un si
» grand bien, que, placée entre le ciel et l'en-
» fer et maîtresse du choix, je me jetterais en
» enfer, s'il me faisait connaître que telle est sa
» volonté sainte. »

Le nom de volonté divine était si doux à son
cœur, que, dans ses souffrances de corps ou d'esprit, il lui suffisait de penser ou d'entendre que
telle était la volonté de Dieu, pour la faire tressaillir de joie. Elle avait coutume de dire que le
désir de faire la volonté de Dieu, est le signe
certain de la présence de son amour dans une
âme. Ce mot suffisait pour lui procurer un ravissement, et alors elle disait : « Comprenez-vous,
» mes sœurs, les délices que renferme cette douce
» parole, la volonté de Dieu? » Un soir, lorsque
toutes les religieuses se retiraient dans leurs cel-

lules, il arriva que cette sainte mère courait par le monastère, dans un état extatique, et criait d'une voix animée par le saint amour : « Oh ! » que la volonté de Dieu est aimable ! » Et puis elle ajoutait : « Dites comme moi, mes chères » sœurs, car c'est bien la vérité. » Toutes ces bonnes filles, enflammées par cette parole, qui sortait toute brûlante du cœur de notre sainte, se mirent à la suivre jusqu'à la chapelle de Notre-Dame, en répétant d'une commune voix : « Qu'elle est aimable la volonté de Dieu ! » Ce concert fit goûter à Magdeleine un plaisir incroyable, et dans sa joie, elle les exhortait à la pratique de cette vertu, en leur disant : « Oui, » mes chères sœurs, si vous désirez arriver bien » vite à la perfection la plus sublime, faites » toutes vos actions pour accomplir la sainte vo-» lonté de Dieu; cette intention, mieux que » tout autre, sanctifiera toutes vos œuvres. »

Un autre effet de l'amour, c'est de faire haïr à celui qui aime tout ce qui déplaît à l'objet aimé. De là cette horreur du péché que manifestait cette sainte fille en toute circonstance; elle sentait si vivement l'offense de Dieu et elle lui causait une telle douleur, qu'au seul nom de péché mortel, elle poussait un cri d'épouvante et disait : « Se-» rait-il donc possible qu'une âme chrétienne pût » faire à Dieu une telle offense de propos déli-

» béré? Je quitte la vie, disait-elle quinze jours
» avant sa mort, je quitte la vie sans jamais avoir
» pu comprendre comment une créature peut se
» décider à commettre une faute mortelle contre
» son Créateur. » Au contraire, passionnée en
quelque sorte pour la gloire de son Dieu, non-
seulement elle avait grand soin de lui consacrer
toutes ses actions, même les plus petites, mais
encore elle employait tous les moyens possibles
pour engager les autres à le glorifier. En conséquence, elle avertissait souvent ses sœurs d'offrir
leurs actions et de les faire effectivement pour sa
gloire ; mais cela ne suffisait pas pour satisfaire
son zèle à cet égard. Elle eût voulu pouvoir par-
courir le monde entier pour recommander à tous
les hommes cette gloire, unique objet de ses désirs, mais si ardente qu'elle eût voulu mourir
mille fois chaque jour pour la procurer. Elle disait quelquefois, en pleurant et sanglotant,
qu'elle ne pouvait comprendre comment ceux qui
cherchent la gloire de Dieu sont en si petit nombre
sur la terre. Aussi aimait-elle jusqu'à la tendresse
tous les religieux qui la cherchaient sincèrement.
D'un autre côté, elle faisait tous ses efforts pour
inspirer à ses filles le zèle de l'honneur de Dieu,
et les accoutumer à s'unir constamment à lui,
pour le glorifier sans cesse. Lorsque quelques-uns
lui objectaient l'impossibilité de cette pratique,

elle répondait : « **Si** vous voulez parler d'une
» union actuelle, vous avez raison ; car cette
» pensée de Dieu, toujours subsistante, est ré-
» servée pour la patrie ; mais s'unir à lui par une
» intention de le glorifier, qui subsiste toujours,
» n'est point chose impossible. **Si,** par exemple,
» nous travaillons à l'utilité, soit spirituelle, soit
» corporelle des créatures, avec l'intention de
» glorifier Dieu, de sorte que nous ne ferions
» pas ce que nous faisons si Dieu n'y trouvait sa
» gloire, qui peut nier que ce soit là une manière
» excellente de nous tenir unies à lui ? **Si** nous
» remplissons nos emplois pour le bien du mo-
» nastère, qui certes appartient à **Dieu,** et que
» nous le fassions uniquement pour lui plaire et
» lui rendre gloire, qui doute que de telles ac-
» tions soient propres à resserrer **de plus en plus**
» les liens qui nous unissent à lui ? » C'est ainsi
qu'elle allumait dans leur cœur le feu du divin
amour et les engageait à chercher uniquement sa
gloire.

Mais ces sentiments affectueux pour son Dieu,
qu'elle communiquait aux autres, étaient loin
d'égaler les siens. La flamme qui jaillit d'une
fournaise ardente, a dit un de ses historiens,
n'est pas aussi vive que celle qui sortait de son
cœur, produite par le feu du divin amour. Lorsque, dans ses ravissements, Dieu appliquait son

esprit à la contemplation de son amour pour l'homme, amour qui lui fit faire tant de prodiges de générosité pour une si pauvre et si chétive créature, son visage s'enflammait, ses yeux devenaient étincelants, et elle exprimait ainsi son étonnement et sa reconnaissance : « O amour !
» ô amour ! ô Dieu qui aimez d'un pur amour
» vos créatures ! ô Dieu d'amour ! ô Dieu d'a-
» mour ! du moins veuillez ne pas nous aimer
» davantage ! c'est assez, mon Jésus ! c'est assez.
» Votre amour excède la mesure ; il est trop
» grand. Il est disproportionné, je ne dis pas à
» votre grandeur, mais à notre abjection. Mon
» Seigneur et mon Dieu ! pourquoi m'aimez-vous
» si tendrement, moi qui ne suis, hélas ! qu'une
» si indigne créature ? » Dans une de ses extases, s'étant saisie d'un crucifix, on la vit courir par le monastère, avec une agilité plus angélique qu'humaine, et, chemin faisant, on l'entendit s'écrier : « O amour ! ô amour ! ô amour ! » Et elle disait cela avec un si doux sourire, avec un visage si joyeux, qu'elle donnait à ses sœurs qui la voyaient d'indicibles consolations. Tantôt elle portait ses regards vers le ciel, tantôt elle les abaissait sur son crucifix. Alors elle l'appliquait sur son cœur et le pressait dans ses bras avec une ferveur excessive. Puis elle recommençait à dire :
« O amour ! ô amour ! jamais je ne cesserai, mon

» Dieu, de vous appeler l'amour, la joie de mon
» cœur, l'espérance et la force de mon âme. »
Ensuite, se tournant vers ses sœurs, qui la suivaient, elle leur disait : « Ne savez-vous pas, mes
» sœurs, que mon Jésus n'est qu'amour; je di-
» rai plus, qu'il est fou d'amour. Vous m'enten-
» dez, ajoutait-elle, en fixant son crucifix; j'ai
» dit que vous êtes fou d'amour, je le dis en-
» core, et je le dirai toujours : oui, vous êtes fou
» d'amour, et en même temps tout aimable et
» tout agréable, tout récréatif et confortatif,
» tout nutritif et unitif. Vous êtes la peine du
» cœur et son rafraîchissement, son repos et sa
» fatigue. Vous êtes tout ensemble la mort et la
» vie. Qu'ajouterai-jo enfin? vous êtes joyeux et
» sage, haut et immense, admirable et indi-
» cible, invisible et incompréhensible. » En disant tout cela, elle tenait ses yeux arrêtés sur la
plaie du cœur de Jésus, où elle paraissait voir
des choses admirables, qui la rendaient intaris-
sable sur l'amour que Dieu porte au genre humain, et sur les profonds mystères que le Verbe
incarné a voulu opérer pour le salut du monde.
Ensuite elle recommençait à crier : « O amour!
» ô amour! » Et levant les yeux au ciel, elle
disait : « Donnez-moi, mon Seigneur, une voix
» si forte et si retentissante, qu'en vous procla-
» mant amour, je sois entendue depuis l'orient

» jusqu'à l'occident, dans toutes les parties du
» monde, et jusque dans les enfers, afin que
» vous soyez connu et honoré partout comme le
» véritable amour. O amour ! pénétrez seul,
» passez, brisez, liez, régissez et gouvernez toutes
» choses. Vous êtes ciel et terre, feu et air, sang
» et eau, Dieu et homme tout ensemble. Qui
» pourra, en pensant, comprendre, ou en par-
» lant, expliquer votre grandeur, puisque vous
» êtes éternel et infini. » Elle passait les jours
entiers dans ces transports d'amour, en sorte
qu'elle paraissait être entrée en participation de
la vie des anges et se nourrir des délices du ciel.
Son discours était si dévot et si enflammé, elle
montrait tant de compassion à Jésus crucifié,
qu'elle rappelait, non-seulement par son nom,
mais par sa conduite, cette Magdeleine qui se
mourait de douleur sur la montagne du Calvaire,
lorsque le doux Jésus expirait sur la croix. Quelquefois, le feu qui brûlait dans son cœur deve-
nait si ardent qu'elle était forcée, quoique au milieu de l'hiver, de boire de l'eau froide en grande
abondance, d'y plonger ses bras, d'en arroser
son visage, en disant que ce feu intérieur la brûlait et la consumait. Alors, levant les yeux au
ciel, elle s'écriait à plusieurs reprises : « Assez,
» mon Dieu, assez, je ne puis plus supporter
» cette flamme. » Parmi ces transports amou-

reux, il en est un que je ne puis passer sous silence, c'est celui qui lui arriva le jour de l'Invention de la sainte croix. Après avoir communié le matin, elle demeura immobile comme une statue, pendant une heure entière, discourant sur l'excellence et la noblesse de la croix de son Jésus, avec une incroyable dévotion. Fixant ensuite son attention sur le Verbe incarné attaché à ce bois adorable, elle commença à crier : « O amour!
» ô amour! que vous êtes peu connu et peu aimé!
» O amour! si vous ne pouvez trouver un lieu
» de repos sur la terre, venez dans mon cœur,
» venez-y tout entier; je vous y recevrai bien
» volontiers. O âmes créées par l'amour, com-
» ment se fait-il que vous n'aimiez pas l'amour?
» Qu'est-ce donc que l'amour, si ce n'est Dieu?
» Saint Jean l'a dit : Dieu est charité. Vous me
» consumez, ô amour! vous me détruisez, vous
» me faites mourir et vous me faites vivre. O
» amour! quelle vive douleur je ressens, lorsque
» vous me faites connaître combien peu vous
» êtes connu et aimé. » En disant cela, tantôt elle étendait les bras, tantôt elle joignait les mains ou faisait d'autres gestes si pieux qu'elle embrasait de dévotion les personnes qui étaient présentes. Quelquefois on la voyait courir par la maison et à travers le jardin, en disant qu'elle cherchait des âmes pour leur faire connaître et ai-

mer l'amour. Si elle rencontrait une de ses sœurs
sur son passage, elle lui prenait la main, et la
serrant avec force, elle disait : « O âme! aimez-
» vous l'amour? » Si celle-ci répondait qu'elle
l'aimait ou du moins qu'elle voulait l'aimer, la
sainte mère tressaillait de joie et lui disait : « Si
» vous aimez l'amour, comment pouvez-vous
» vivre? ne vous consume-t-il pas? ne vous sen-
» tez-vous pas mourir d'amour? » D'autres fois,
après avoir ainsi parcouru toute la maison, elle
allait sonner la cloche, et criait d'une voix forte :
« Venez, âmes, venez aimer l'amour qui vous a
tant aimées ; venez aimer votre Dieu. » Une fois,
après avoir passé tout le jour dans cette agita-
tion, enfin, épuisée de fatigue, elle prit son crucifix, et appliquant la bouche sur la plaie de son
cœur, elle parut boire à longs traits quelque liqueur délicieuse ; elle reprit, en effet, sa couleur et ses forces, de telle sorte qu'au sortir de
son ravissement elle était plus vigoureuse que jamais. Une autre fois, étant montée sur la corniche du chœur avec une agilité surhumaine, elle y
prit le grand crucifix, le porta dans la salle du
chapitre et demeura jnsqu'au soir à ses pieds, ne
cessant de l'embrasser, et exprimant tout haut
les actes intérieurs que l'amour lui faisait faire.
On les écrivit à mesure qu'elle les produisait. Or,
je pense qu'il ne sera pas inutile d'en reproduire

ici douze des plus remarquables, par forme d'instruction.

1. Une âme qui aime Dieu doit se réjouir et se complaire dans ses attributs divins, c'est-à-dire, dans sa puissance, sa sagesse, sa bonté, son immensité, son éternité, sa science et sa providence.

2. Elle doit lui souhaiter tout le bien, tout l'honneur, toute la gloire qu'il possède et qu'il possédera éternellement.

3. Elle doit se réjouir de cette communication réciproque que les trois personnes divines ont entre elles.

4. Elle doit se réjouir de ce que Dieu est tellement grand et infini qu'il ne peut être compris ni par les hommes, ni par les anges, ni par aucune créature possible.

5. Elle doit se réjouir de l'amour infini qu'il a eu dans tous les temps, qu'il a encore et qu'il aura toujours pour lui-même ; le féliciter de l'impuissance où sont toutes ses créatures de l'aimer dignement, et lui rendre grâces de ce qu'il se paye à lui-même cet aimable et juste tribut qu'il ne saurait attendre de nous.

6. Elle doit se réjouir des trésors infinis de grâces qu'il a communiqués à la sainte humanité du Verbe, spécialement du don des miracles et de celui de s'attacher les cœurs.

7. Elle doit se réjouir de ce que le Père éternel nous a données pour héritage au Verbe incarné, de ce que le Verbe se complaît dans cet héritage et a choisi nos âmes pour sa demeure la plus chérie.

8. Elle doit se réjouir de ce que cet aimable Sauveur a pris la virginité pour son partage, et regarde les vierges comme ses épouses bien-aimées.

9. Elle doit s'offrir en sacrifice d'actions de grâces pour la gloire, l'honneur et la béatitude qu'il possède et qu'un jour il nous communiquera, ainsi que pour tous les bienfaits qu'il ne cesse de répandre sur ses créatures.

10. Elle doit dire de cœur à ce grand Dieu : Si je pouvais dans ce moment vous donner toute la gloire, tout l'honneur, toutes les louanges que vous rendent ensemble les heureux habitants du ciel et les justes de la terre, vous le savez, Seigneur, je le ferais bien volontiers ; mais puisque cela n'est pas en mon pouvoir, agréez du moins, je vous en supplie, ce désir qui m'est inspiré par l'amour de bienveillance que je ressens pour votre Majesté sainte.

11. Elle doit vouloir sincèrement réunir en elle toutes les perfections dans lesquelles Dieu se complaît, et les posséder dans la mesure conforme à sa volonté sainte.

12. Elle doit régler ses affections de manière à aimer le prochain uniquement parce que Dieu l'aime, de manière à se réjouir de l'amour dont il veut bien l'honorer, de manière que, dans le cas impossible où Dieu voudrait positivement qu'une créature nous affligeât et nous maltraitât, nous n'en désirions pas moins qu'elle égalât les séraphins en perfection et en gloire; quand même nous saurions qu'elle ne devrait se servir de cette élévation que pour nous offenser davantage; de manière enfin à nous engager envers Dieu, par un pacte formel, à ne vouloir jamais que ce qui sera conforme à sa sainte volonté.

CHAPITRE XVII.

De son désir ardent de la communion et de son zèle pour
y porter e. y préparer les autres.

———————

Son tendre amour pour Jésus-Christ lui faisait désirer ardemment de s'unir à lui et de jouir des délices de cette union ineffable, dans le très-saint sacrement de l'Eucharistie, à moins qu'on n'aime mieux dire que c'était ce divin sacrement qui allumait dans son cœur les feux de cet amour extraordinaire. Dès sa plus tendre enfance, ainsi que nous l'avons dit précédemment, elle éprouvait cette faim dévorante, et parce que son jeune âge ne lui permettait pas de communier, elle voulait du moins assister à ce banquet céleste, et jouir de la vue des personnes admises à cette table sacrée.

Depuis qu'elle fut entrée dans le monastère, elle communiait régulièrement chaque jour, à moins qu'il ne lui fallût prendre quelques médicaments; mais il fallait pour cela qu'elle fût bien sérieusement malade. On l'a vue quelquefois, tellement affaiblie par la fièvre qu'elle ne pouvait qu'à grand'peine se soutenir sur ses pieds, se lever néanmoins chaque matin, et se rendre avec les autres à la table sainte, quoique son logement fût fort éloigné de la chapelle et qu'elle eût besoin de monter trois escaliers pour y arriver. Elle ne cessa d'en agir de la sorte que lorsqu'il fût nécessaire de la porter sur les bras. Alors seulement elle consentit à demeurer dans son lit et à y communier; mais ce ne fut pas sans avoir besoin de se faire une grande violence, parce qu'elle regardait comme une irrévérence de se laisser prévenir par son bien-aimé. Il fut un temps où ne pouvant prendre le soir assez de nourriture pour soutenir ses forces défaillantes, il lui fallait toutes les trois heures recourir à de nouveaux aliments. Que si elle laissait passer un plus long temps, elle en était punie par un épuisement complet et une toux des plus violentes. Néanmoins, pour n'être pas privée du pain des anges, elle souffrait cette incommodité, jusqu'à ce que son confesseur vînt lui apporter ce divin sacrement. Si quelqu'une de ses sœurs l'engageait à prendre quelque chose

pour calmer ses souffrances, elle répondait : « J'ai
» plus besoin de ce secours spirituel que de la
» nourriture matérielle, et mon Jésus mérite bien
» d'autres sacrifices que celui-là. Du moins, je
» lui offre, en préparation, cette légère souf-
» france, et autant que je le pourrai, je veux
» souffrir pour lui. Il est vrai que je ne trouve
» aucunes consolations sensibles dans mes com-
» munions, parce que mon Jésus me les a sous-
» traites ; mais j'y reçois la paix et le repos du
» cœur. D'ailleurs, je ne trouve aucun autre
» soulagement à mes souffrances. » Elle disait
encore : « J'éprouve une notable différence entre
» les médicaments et la communion. Quand je
» prends ces remèdes sans communier, la faim
» de mon âme rend mon corps défaillant, au
» point qu'une fois je suis tombée en syncope.
» Au contraire, quand je communie, ce pain
» céleste me donne des forces et du courage pour
» supporter les ennuis et les douleurs de la ma-
» ladie. »

Lorsqu'elle se portait bien, à peine pouvait-
elle attendre l'heure accoutumée de la communion, et sa faim était si dévorante que quelquefois,
par inadvertance, au lieu de se mettre à son
rang, elle courait la première à la table sacrée.
Souvent encore, par l'énergie de ce désir, elle
était ravie en extase et communiait ainsi dans le

ravissement. Si, lorsque la cloche appelait à la communion, elle se trouvait dans quelque lieu éloigné de la chapelle, occupée à ses travaux manuels, elle partait comme un éclair pour s'y rendre, sans penser seulement à déposer ce qu'elle tenait dans ses mains. Ainsi, par exemple, il arriva une fois qu'étant occupée à la boulangerie, la cloche qui appelait à la communion se fit entendre à son cœur, sans doute, pour le dire en passant, plutôt qu'à ses oreilles, car celles qui travaillaient avec elle ne l'entendaient pas, à cause de la distance du lieu où elles étaient. Aussitôt elle courut à la chapelle, comme elle se trouvait, c'est-à-dire les manches retroussées et une poignée de pâte dans chaque main, et communiait en cet état. Ses sœurs essayèrent bien de l'empêcher ; mais, parce qu'elle était en extase, il leur fut impossible de l'arrêter et de se faire entendre, ou même de lui arracher la pâte qu'elle tenait dans ses mains. D'autres fois, ce son de la cloche qui annonçait la communion la trouvant en extase la rappelait aussitôt à l'usage de ses sens ; mais à peine avait-elle reçu son Sauveur, qu'elle retombait dans son état extatique. Ordinairement elle faisait ses longues actions de grâces dans le ravissement, et alors elle disait sur ce divin sacrement des choses ravissantes, qui embrasaient d'amour toutes celles qui l'entendaient.

Un jour, le confesseur se trouvant indisposé, ne vint pas à l'heure ordinaire communier les religieuses. La mère maîtresse croyant qu'il ne viendrait pas du tout, envoya Magdeleine prendre un breuvage qui lui était prescrit. Cette bonne fille, étonnée de cet ordre, hésita un peu, laissant voir qu'elle ne désespérait pas de communier encore ; mais la maîtresse insistant, elle obéit. A peine avait-elle avalé son malencontreux breuvage, que le confesseur arriva, et que la cloche annonça la communion. Alors Magdeleine considérant la perte qu'elle venait de faire, se mit à pleurer et à sangloter de manière à arracher des larmes à sa maîtresse et à celles de ses sœurs qui étaient présentes. Or, ce désir si ardent était produit par les lumières que Dieu lui donnait sur le prix de cette divine nourriture et par son tendre amour pour Jésus-Christ, comme on peut s'en convaincre par le fait suivant. Elle donnait une fois les exercices de saint Ignace à une de ces filles. Celle-ci, après avoir médité sur l'institution du très-saint Sacrement, étant venue lui rendre compte de sa méditation, lui dit qu'elle avait été si touchée de l'amour de Jésus-Christ pour les hommes dans cette circonstance, qu'elle n'avait pu passer outre. Cela suffit pour procurer une extase à la sainte mère, pendant laquelle on l'entendit répéter plusieurs fois : « Quand l'a-

» mour de Jésus revient à la mémoire, il n'est
» pas possible de s'occuper d'autre chose ; il
» faut en demeurer là. »

Cette heureuse épouse reçut par trois fois la
sainte communion de la propre main de son Bien-
Aimé. La première fois que cette insigne faveur
lui fut accordée, elle avait dix-neuf ans, et était
encore novice. L'événement mérite bien d'être
raconté. Le Jeudi-Saint de l'année 1585, elle
se mit en devoir de lire la Passion tout entière ;
mais elle ne fut pas loin. Lorsqu'elle lisait l'histoire de l'établissement de la sainte Eucharistie,
on la vit se mettre en posture de communiante
avec une grande dévotion. Elle ouvrit la bouche,
la ferma presque incontinent, et pressant son
cœur de ses deux mains, avec un air de contentement inexprimable, elle s'écria : « Mon Bien-
» Aimé est blanc et vermeil. Il vient de se pla-
» cer lui-même dans mon âme. O mon Époux
» chéri, dilatez mon cœur, afin qu'il appelle
» tous vos enfants à la communion de votre
» corps et de votre sang adorable. » Au sortir
de son ravissement, elle confessa à ses supérieures, pour satisfaire à l'obéissance, que son
Jésus lui avait donné la sainte communion. La
même chose lui arriva le 7 août de la même
année, jour de la fête de saint Albert, de l'ordre
des Carmes. Après avoir dit, au féminin : « Sei-

» gneur, je ne suis pas digne, *Domine, non sum*
» *digna*, » elle ouvrit un instant la bouche, puis
entra dans un profond recueillement, pendant lequel on l'entendit faire avec son Jésus des collo-
ques admirables. Elle avoua ensuite qu'elle avait
communié sacramentellement. La troisième communion semblable eut lieu le Jeudi-Saint de
l'année 1592, et tout s'y passa comme la première fois.

Elle se préparait à ses communions ordinaires
avec une dévotion et une humilité incomparables. Son esprit, éclairé des plus vives lumières
de la foi, pénétrait si profondément, d'une part,
la grandeur du Dieu caché sous les espèces sensibles, et de l'autre sa bassesse et son néant, qu'elle
craignait que la terre s'entr'ouvrît pour l'absorber
toute vive, et elle disait quelquefois que, sans le
souvenir du sang que Jésus-Christ avait versé
pour elle, jamais elle n'aurait le courage d'aller
prendre place à sa table sacrée. Les fruits qu'elle
retirait de l'usage journalier de cette céleste nourriture étaient une union très-étroite avec Dieu et
un parfait amour pour Sa Majesté. Le long du
jour, elle faisait à ce divin sacrement des visites
fréquentes, et épanchait devant lui les plus vives
affections de son cœur. Il arrivait quelquefois que
ses yeux apercevaient les espèces du sacrement
à travers la porte du tabernacle et le vase qui les

contenait. Alors elle ne pouvait se contenir dans le lieu où elle était. Elle entrait dans le sanctuaire, et s'approchait de l'autel autant qu'il lui était permis de le faire, tandis que d'ordinaire elle s'en tenait fort éloignée par respect. Elle disait un jour à une des religieuses qui lui était familière : « Oh !
» ma sœur, si vous connaissiez le contentement
» que je goûte au dedans de moi, certainement
» vous vous réjouiriez et partageriez vivement
» mon bonheur. Et qu'est-ce donc, reprit cette
» religieuse, qui vous rend si heureuse ? Notre
» père confesseur, répondit Magdeleine, veut
» exposer, pendant tout un jour, le très-saint
» Sacrement découvert sur l'autel. Quelle joie,
» quelle faveur ! » Et en disant cela elle donnait tous les signes de la plus vive allégresse.

Nous avons dit qu'elle était dans l'usage de communier tous les jours. Cependant, une semaine s'étant passée tout entière, sans qu'elle eût trouvé l'occasion de se confesser, quoique sa conscience ne lui fît aucun reproche, par respect pour le sacrement, elle n'osa s'en approcher. « Oh !
» quelle pureté de cœur, disait-elle à cette
» occasion, ne faut-il pas avoir pour oser y in-
» troduire un tel hôte ! » Il était d'usage dans ce monastère que toutes les religieuses fissent la communion spirituelle, lorsque la mauvaise santé du confesseur ou quelque autre cause les empê-

chaient de communier réellement. On sonnait donc la communion comme à l'ordinaire ; elles se réunissaient au chœur, et employaient une demi-heure à cette pratique fructueuse de dévotion. Dans une de ces occasions, Magdeleine étant en extase, vit saint Albert qui venait à elle pour lui donner la communion. En conséquence, elle dit son *Confiteor*, le *Domine non sum digna*, et fit, en un mot, tout ce que l'on a coutume de faire en cette circonstance. Or, elle raconta, quand elle fut revenue à elle-même, qu'elle avait vu ce saint faire le tour du chœur, le saint ciboire à la main, donnant la communion à chacune de ses sœurs aussi bien qu'à elle.

Dans l'ardeur de sa charité communicative, elle désirait fortement que les autres religieuses, surtout dans son monastère, éprouvassent aussi bien qu'elle la faim de cette viande sacrée, tant pour la gloire de Dieu que pour la sanctification de leurs âmes. C'est pourquoi on la vit souvent répandre des larmes, quand elle apprenait que quelqu'une de ses sœurs avait perdu volontairement la communion. Si elle trouvait l'occasion de lui parler dans la journée, elle cherchait à lui démontrer son erreur et à lui inspirer le désir de la communion fréquente, par ces paroles bien propres en effet à la persuader : « Vous ignorez, » ma sœur, de quel bien vous vous êtes privée

» ce matin en ne communiant pas. Ah! si vous
» saviez quels trésors précieux procure cette action
» sainte, et quelle injure on fait à l'amour de Jé-
» sus par une telle omission! » Elle priait ensuite
instamment le Seigneur et engageait toutes ses
sœurs à le prier avec elle de daigner accorder à
son monastère, jusqu'à la fin du monde, la grâce
de la fréquente communion et des confesseurs amis
de cette pratique salutaire. Une des raisons qui
lui inspiraient ce désir et cette prière était la persuasion que l'esprit religieux qu'elle voyait régner
dans sa communauté était le fruit de la communion. Elle l'assurait souvent, et ajoutait que sans
cela elles ne resteraient pas longtemps étrangères
à l'esprit du monde. Un jour de fête de saint Au-
gustin, la communion de la communauté étant
terminée, il y avait deux sœurs qui, sans doute,
trompées par le démon, n'avaient pas communié, et toutes les messes étaient dites. La sainte
connut cette tromperie dans son extase, et aussitôt courant à la grille, elle en avertit le confesseur, qui fit venir ces deux religieuses et les communia. Une autre fois, c'était un jeudi, que la
sainte appelait, comme nous l'avons dit précédemment, le jour de l'amour, une de ses sœurs
n'ayant pas voulu participer à la communion gé-
nérale, elle ne put s'empêcher de lui dire : « Eh!
» quoi, ma sœur, c'est aujourd'hui le jour

» de l'amour, et vous avez refusé de le rece-
» voir ! »

Ses novices lui ayant demandé la meilleure
méthode de se préparer à la sainte communion,
elle leur répondit : « Il faut d'abord considérer
» attentivement et bien comprendre que c'est
» Dieu que l'on reçoit dans ce sacrement, et
» ensuite s'en approcher avec la pureté de cœur,
» l'humilité et le souvenir de sa Passion qu'il
» nous demande. » Elle leur dit encore : « Re-
» merciez Dieu, jusqu'à l'heure des vêpres, de
» la communion du matin ; depuis les vêpres
» jusqu'au lendemain, préparez la communion
» que vous devez faire, et croyez bien, du reste,
» que la meilleure préparation à la communion
» de demain, c'est la communion d'aujourd'hui.
» Si vous voulez vous préparer encore plus sain-
» tement, offrez à Dieu, dans cette intention,
» toutes les actions de la journée en esprit de
» reconnaissance et d'amour, et dans le désir de
» plaire à un si bon Maître ; souhaitez ardem-
» ment de pouvoir allumer dans tous les cœurs
» la soif de cette eau vive dont la source est dans
» la communion, afin de les porter à recevoir
» souvent ce sacrement adorable. Pensez que
» cette action, à laquelle vous vous disposez,
» est la plus grande que vous puissiez faire ici-
» bas, puisqu'il s'agit de recevoir le Dieu de

» toute majesté. Considérez enfin combien il est
» bon de se donner ainsi à des créatures dignes
» de l'enfer, et qui y seraient actuellement plon-
» gées, s'il n'avait usé envers elles de la plus
» incroyable miséricorde. O mes chères filles !
» ajouta-t-elle, combien votre cœur doit être
» pur pour recevoir la source de toute pureté.
» Si quelqu'une de vos sœurs vous a contristées,
» faites en sorte, avant la communion, de res-
» sentir pour elle une douceur intérieure ; et si
» vous ne la sentez pas, priez le doux Jésus de
» vous la donner. Enfin, quand vous pourrez
» vous rendre compte que vous êtes disposées à
» mourir pour cette sœur, si telle était la volonté
» divine, je vous le dis, approchez librement de
» la table sacrée. »

Quelquefois, pour inspirer à ses novices une
tendre dévotion pour cet aimable sacrement, elle
leur disait : « Petites âmes, il y a encore tant
» d'heures avant celle où vous recevrez votre
» Bien-Aimé. Employez-les bien à lui préparer
» vos cœurs. » D'autres fois, elle les interrogeait
de cette sorte : « Combien vous reste-t-il d'heures
» avant la communion ? Hélas ! si nous aimions
» Jésus, ce temps, qui nous paraît si court,
» nous semblerait une année entière. » Elle disait encore qu'une communion bien faite suffit
pour rendre une âme toute sainte, et que si d'or-

dinaire elle ne produit pas de grands fruits, c'est parce que celles qui communient ne pénètrent pas assez la grandeur de cette action. Un jour, elle se mit à genoux au milieu de ses novices, et croisant ses mains sur sa poitrine, elle prononça ces paroles avec l'accent de la plus tendre dévotion : « O mes chères filles ! si nous voyions ce » qui se passe en nous après la communion, » tandis que les espèces sacramentales subsis- » tent, nous verrions qu'il se passe dans nos » cœurs quelque chose de semblable à ce qui se » fait dans le sein de Dieu même, où le Verbe » est dans le Père, le Père dans le Verbe, et » l'Esprit-Saint inséparablement dans tous les » deux ; nous verrions qu'en recevant Jésus- » Christ, nous avons reçu la sainte Trinité tout » entière ; si, dis-je, nous connaissions et péné- » trions ces ineffables merveilles, certes, nous » n'approcherions pas de la table sainte avec si » peu de préparation et comme au hasard, ou » bien nous ne donnerions pas des excuses aussi » futiles et aussi misérables pour nous retirer de » ce banquet céleste. Avant de perdre une com- » munion, nous considérerions attentivement ce » que nous perdons. » On peut deviner quelle énergie avaient de telles paroles sur des cœurs, du reste, si bien disposés, et quelles excellentes communions elles leur faisaient faire.

2.

Après la communion, elle ne voulait pas que ses filles reprissent aussitôt leurs travaux ordinaires. Elle exigeait qu'elles employassent un certain temps à jouir du divin hôte qu'elles avaient reçu dans leurs cœurs, à lui témoigner leur amour, à le louer, à lui rendre grâces, à lui exposer leurs nécessités et celles du prochain, à lui recommander les intérêts de sa sainte Église, à apprendre de lui à le servir selon sa volonté. Elle disait, à ce sujet, que celui qui a Jésus-Christ pour maître n'a pas besoin d'en avoir d'autres, que tous les livres ne valent pas sa conversation après la communion, que ce temps qu'elles donnaient à l'action de grâces était le plus précieux qu'elles eussent, le plus opportun pour traiter avec Dieu, et lui fournir l'occasion de purifier, d'éclairer, de sanctifier leurs âmes, enfin le plus puissant moyen d'acquérir une haute perfection. Tels étaient les enseignements qu'elle donnait à ses novices, pour les aider à retirer de grands fruits de leurs communions. Pour récompenser ce saint zèle, Dieu lui accordait quelquefois la grâce de voir Jésus dans leurs cœurs, tantôt sous la forme d'un tout petit enfant, tantôt comme un adolescent, tantôt comme un homme dans la maturité de l'âge, tantôt souffrant, tantôt crucifié, selon les pensées, les désirs, la perfection et la capacité de chacune d'elles. Un matin, après la

communion qu'elles avaient toutes reçue, cette
sainte mère se mit à les regarder les unes après
les autres, et ensuite elle dit à une autre religieuse qui se trouvait là : « Que j'aime donc toutes
» les chères filles que je vois comme autant de ci-
» boires où repose le très-saint Sacrement. » Un
certain jour de Pâques, étant à table au réfectoire, elle avait un air si content et si joyeux,
qu'une novice qui la servait ne put s'empêcher de
lui en demander la cause : « C'est la beauté de
» mon Jésus, répondit-elle, qui me rend si
» joyeuse ; je le vois présentement dans les cœurs
» de toutes mes sœurs. — Sous quelle forme,
» ma mère, reprit la novice ? — Je le vois en
» toutes, répondit la sainte mère, ressuscité et
» glorieux, comme l'Église nous le représente
» aujourd'hui. » Cela dit, elle quitta la table, et
eut un ravissement assez long, qui se passa dans
un amoureux colloque avec Jésus-Christ.

CHAPITRE XVIII.

**De la grande charité de Magdeleine pour le prochain et
de son zèle pour le salut des âmes.**

A charité de notre sainte pour le prochain était sans bornes, et lui inspirait un zèle tout de feu pour son salut. C'est pourquoi elle employait volontiers toutes les forces de son âme et de son corps à lui rendre service, ne reculant devant aucun sacrifice, quand il s'agissait de le soulager spirituellement et même corporellement. Cependant, la nature n'avait aucune part à ce zèle si actif, à cette charité si tendre : « Si j'aime le
» prochain, disait-elle quelquefois, c'est parce
» que Dieu l'a fait à son image ; c'est parce que
» Jésus l'a aimé jusqu'à mourir pour lui. J'envie,

» disait-elle encore, le sort des oiseaux qui
» peuvent voler partout où bon leur semble. Ah!
» si j'avais des ailes comme eux, et que je pusse
» quitter le monastère sans préjudice de ma pro-
» fession, je prendrais aujourd'hui mon essor,
» et je volerais jusqu'aux Indes. Là, je rassem-
» blerais les enfants de ces pauvres infidèles au-
» tour de moi, et je les instruirais des principes
» de notre sainte religion, pour les mettre en
» possession de Jésus, et lui donner leurs âmes. »
Ce désir en elle était si vif, que, même pendant
son sommeil et dans ses rêves, elle ne cessait de
parler de la conversion des Indiens. Lorsqu'on
lisait au réfectoire, quelques lettres venues des
Indes ou du Japon, ou la relation du martyre de
quelques missionnaires jésuites, on voyait étin-
celer sur son visage le feu des désirs qu'elle for-
mait d'aller elle-même s'associer à leur ministère
apostolique et partager leurs travaux, leurs privations et leur belle mort. Entendant une fois lire,
au noviciat, le récit des voyages de saint François
Xavier, et voyant quelle multitude innombrable
d'âmes cet apôtre avait converties et baptisées,
elle dit à ses novices : « Demandons à Dieu la
» conversion d'un infidèle, et offrons pour cela
» tout le bien que nous pourrons faire aujour-
» d'hui. Ou plutôt prions-le de convertir autant
» de ces pauvres âmes que nous allons faire de

» pas, ou de points de couture, ou prononcer de
» paroles dans la récitation de l'office divin. »
C'est ainsi que cette sage mère aiguisait le zèle
de ses filles, pour la gloire de Dieu et le salut des
âmes.

Elle dit dans une rencontre : « Si le Seigneur
» me demandait, comme autrefois à saint Tho-
» mas d'Aquin, quelle récompense je désire ob-
» tenir de sa bonté, je lui répondrais : le salut
» des âmes. » J'oserais presque dire, qu'il ne
se passait pas une heure dans le jour, sans qu'elle
parlât de cet objet de ses désirs les plus ardents.
Quelquefois on la trouvait baignée dans ses larmes ; et quand on lui demandait la cause de sa
douleur, elle répondait : « C'est que je passe ma
» vie dans l'oisiveté, sans rien faire pour le ser-
» vice de Dieu et le salut des âmes. » Elle disait
souvent, après sainte Catherine de Sienne, que
Jésus se plaignait de ne trouver personne qui s'op-
posât à sa colère, en priant pour les pécheurs.
Elle ajoutait : « Nous aurons à rendre compte à
» Dieu de tant d'âmes qui tombent journelle-
» ment dans l'abîme. Car, si vous et moi nous
» eussions été fidèles à les recommander à Dieu,
» à le conjurer de leur faire grâce, à offrir pour
» elles le sang de Jésus-Christ, peut-être nous
» eussions désarmé sa justice et prévenu leur
» perte. » Elle disait encore qu'elle consentirait

de bon cœur à demeurer dans l'enfer, pour le salut des âmes, si telle était la volonté de Dieu, et qu'elle pût y être sans haïr et blasphémer son bon Père. Ce qui lui avait inspiré ce beau zèle, c'est que Jésus lui avait souvent montré l'incroyable beauté des âmes en état de grâce, et l'horrible laideur de celles qui sont coupables de péché mortel. A ce souvenir, elle fondait en larmes, déplorait amèrement les offenses de Dieu, et ne cessait de prier pour la conversion des pécheurs et le salut de leurs âmes. Souvent aussi, dans ses ravissements, on l'entendit supplier son Dieu de pardonner à ces coupables, en la frappant elle-même ; et le retour inespéré de quelques-uns, venait bientôt fournir la preuve qu'elle n'avait pas prié en vain. Son confesseur vint un jour lui recommander deux pauvres âmes égarées dans les routes du crime. Elle offrit en effet pour elles ses oraisons et ses pénitences, pendant plusieurs mois. Enfin le confesseur vint dire à la maîtresse que Dieu avait exaucé les prières de cette sainte fille, et que les deux brebis errantes étaient rentrées dans le bercail.

Elle avouait un jour que Dieu lui eût fait plaisir de lui faire acheter la conversion des pécheurs par le sacrifice de tous les goûts spirituels et de toutes les faveurs célestes, pourvu qu'il lui laissât la grâce de l'aimer, de l'honorer, de le servir, et de travailler au salut du prochain. Dans une extase, il lui échappa de dire : « Seigneur, si » vous daignez m'accorder les âmes que je vous » demande, je proteste que je suis prête à re-» noncer à la gloire et à la félicité que vous me » réservez. » (Elle supposait, par impossible, qu'elle pourrait aimer Dieu ailleurs que dans le ciel.) Elle disait encore à ses sœurs : « Ne nous » laissons pas vaincre par les séculiers qui mon-» trent quelquefois tant de zèle pour le salut des » âmes. Qui sait s'il n'en est pas quelques-unes » qui ne se convertiront point, parce que nous » avons manqué de zèle et de ferveur à prier » pour elles. Nous ne rendrons pas compte à » Dieu seulement du mal que nous aurons fait, » mais encore du bien que nous pouvions et de-» vions faire, et que nous aurons omis par notre » faute. » Elle recommandait fréquemment à ses novices d'offrir le sang de l'Agneau sans tache pour toutes les âmes en mauvais état. Pour son compte, cinquante actes pareils, dans le jour, lui semblaient trop peu de chose; elle se levait encore la nuit, et, courant se prosterner au pied du tabernacle, elle demandait avec des torrents de larmes, la conversion de quelques pécheurs. C'était surtout à l'époque du carnaval, qu'on peut appeler le temps de la récolte du diable, qu'elle redoublait d'efforts pour apaiser la colère de Dieu.

Alors elle commandait à ses novices de prendre la discipline et de réciter dévotement les sept psaumes pénitentiaux. Chargée de réveiller les religieuses pour les matines, d'ordinaire elle se servait pour cela d'une clochette; mais dans la nuit du jeudi, qui est à Florence le jour des plus grands désordres, c'était en frappant sur son corps, en se flagellant pour les pauvres pécheurs, qu'elle donnait à ses sœurs le signal du réveil. Dans ce dessein de sauver les âmes, elle inventait tous les jours de nouveaux moyens, qu'elle ne manquait pas de communiquer aux autres religieuses.

Dans le carême, le jour où l'Évangile raconte la conversion de Magdeleine, il est d'usage à Florence de faire un sermon sur ce sujet, auquel on conduit les personnes de mauvaise vie. Or, une année, elle s'avisa de dire ce jour-là aux autres religieuses : « Aujourd'hui, je vous recommande » particulièrement mes sœurs. » Une d'elles, qui ne comprit pas sa pensée, lui demanda de quelles sœurs elle entendait parler. « De ces femmes, » répondit-elle, auxquelles on propose en ce » jour l'exemple de Magdeleine. » L'étonnement fut grand dans la communauté, en entendant cette vierge si pure, appeler du nom de sœurs des femmes perdues d'honneur et de réputation. Or, elle faisait pour elles les pénitences les plus rudes, comme de se revêtir d'un cilice, de se frapper avec une chaîne de fer, de tenailler ses membres jusqu'à en faire couler le sang, de brûler sa chair avec de la cire fondue, de passer en oraison les nuits entières. Elle prit un jour en main un crucifix, et lui dit : « Vous avez voulu, » mon Jésus, mourir sur la croix pour les pauvres » pécheurs, et leur donner tout le sang qui cou- » lait dans vos veines : et moi aussi, à votre » exemple, je voudrais répandre le mien, et » donner ma vie pour les convertir. » Une autre fois, étant en extase, Dieu lui fit voir un prêtre à qui les démons ôtaient la grâce; mais elle pria pour lui avec tant d'instances, qu'elle le vit ren- trer dans l'amitié de Dieu. A cette occasion, elle intercéda pour d'autres prêtres coupables de fautes mortelles, en disant : « O mon Jésus, si ceux- » là qui sont la lumière du monde sont changés » en ténèbres, comment pourront-ils éclairer les » autres créatures? Si ceux-là qui sont le sel de » la terre se corrompent, comment pourront-ils » préserver les autres de la corruption? Si ceux- » là qui sont les guides du peuple s'égarent eux- » mêmes dans les routes de la perdition, com- » ment le conduiront-ils dans les sentiers de la » justice? » Enfin elle supplia si longtemps et si puissamment la divine miséricorde, que la con- version de ces prêtres lui fut accordée. Elle recommandait aussi habituellement à Dieu la sainte Eglise, et priait particulièrement pour le souverain pontife, dans toutes ses oraisons. Un jour de la Pentecôte, pendant son ravissement, elle demanda à une de ses sœurs si elle avait pensé, ce jour-là, à prier pour le pape. Celle-ci ayant répondu négativement. « Voilà une belle épouse de » Jésus-Christ, reprit Magdeleine, qui ne pense » pas à prier pour son vicaire. » Et elle ajouta d'autres reproches qui la couvrirent d'une sainte confusion.

Puisque son zèle envers les étrangers était si actif et si tendre, on peut préjuger ce qu'il devait être envers les personnes de sa communauté ; mères, sœurs, filles, étaient l'objet de sa tendresse. Je dis l'objet et non les objets, parce qu'elle les confondait toutes dans un commun amour ; elle les obligeait toutes sans acception de personnes, et sa plus douce occupation était de les édifier, de les soulager et de les consoler. Aussi l'appelait-on communément la mère charité et la charité du monastère. Or, cette charité n'était pas, comme l'est, hélas ! trop souvent la nôtre, une démonstration étudiée, ou une inclination naturelle du cœur, ou un sentiment mêlé d'amour-propre ; elle était sincère, surnaturelle, pure de tout alliage de propre intérêt : et si l'on désire savoir comment elle était parvenue à aimer

si purement et si franchement, je dirai son secret :
c'est qu'elle ne considérait jamais les personnes,
mais uniquement les âmes. Aussi il est à remarquer qu'elle appelait communément ses novices
de ce nom. Dans l'année 1593, le vingt-qua-
trième jour du mois d'août, elle reçut de Jésus
des règles de conduite, dont une lui prescrivait
de chercher les œuvres de charité avec autant
d'ardeur que le cerf altéré cherche l'eau des fon-
taines. Or, elle l'observa si fidèlement, qu'on
peut dire qu'elle était tout à la fois la mère et la
servante de tout le monastère, pourvoyant aux
besoins corporels et spirituels des mères et des
sœurs. Lorsqu'on avait besoin dans la maison de
quelque ouvrage dont trop peu de personnes
avaient l'art, elle s'empressait de l'apprendre bien
vite, afin de contribuer à rendre ce service.
Voyait-elle quelque religieuse dans l'affliction,
elle courait aussitôt se jeter aux pieds de Marie
et ne la quittait pas qu'elle n'eût fait renaître la
joie dans cette âme. Elle était beaucoup plus sensible aux afflictions des autres qu'à ses propres
maux. Aussi, lorsqu'elle était malade, si elle
apprenait que quelque sœur eût des peines intérieures ou extérieures, oubliant aussitôt ses propres douleurs, elle courait la consoler ou la sou
lager.

Pendant les cinq années d'épreuve dont nous

avons parlé, où elle était en proie à des afflictions inimaginables, et même dans les cruelles souffrances de sa dernière maladie, elle ne connaissait point de remède plus efficace, de consolation plus douce que de compatir aux afflictions d'autrui. On la vit souvent, quoique assez mal portante, passer les nuits entières, debout sur ses pieds, à consoler les âmes peinées, ou à servir les malades. Jugeait-elle qu'elles avaient besoin de quelque aliment, elle courait l'apprêter de ses propres mains, le leur mettait dans la bouche, et si elle leur voyait de la répugnance, elle en prenait elle-même pour les encourager, et ce n'était encore là que le moindre artifice de sa charité. Elle les entretenait de la gloire du paradis, pour dissiper leur tristesse et les rendre joyeuses, et Dieu sait quelle était sa satisfaction, lorsqu'elle obtenait ce succès. Quand on avait à parler des besoins particuliers ou généraux, on se gardait bien d'en parler devant elle, parce qu'on savait qu'en pareil cas, elle se dépouillait de tout, même des choses d'une indispensable nécessité. Elle avait pour principe qu'on doit faire le sacrifice de l'oraison et des goûts spirituels pour secourir ceux qui souffrent dans le corps ou dans l'âme. En conséquence, on la vit une fois remettre à un autre temps les exercices de saint Ignace qu'elle commençait à faire, pour donner

des consolations à une âme peinée. Quelqu'une
de ses sœurs ayant paru désapprouver sa conduite,
elle répondit : « J'ai quitté Dieu pour Dieu. »
Puis ayant fait réflexion qu'on allait peut-être ad-
mirer sa charité, elle ajouta ces paroles qui
prouvent bien son humilité sincère : « Je me
» prête volontiers aux œuvres extérieures, parce
» que dans l'oraison je suis d'une maladresse
» achevée. »

Il y avait trois sortes de personnes envers lesquelles elle faisait éclater ce qu'il y a de plus
tendre et de plus fort dans la charité : les novices,
les converses et les infirmes. Quant aux novices,
on peut dire qu'elle les aimait aussi tendrement
que si elle eût été leur mère selon la nature, et
peut-être je ne dis pas encore assez. Lorsqu'elles
recouraient à elle dans leurs tentations et leurs
épreuves, ce qu'elles ne manquaient pas de faire,
elle les recevait avec une incroyable bonté, et faisant sur elles le signe de la croix, elle leur rendait, à l'instant même, la tranquillité. Il y en
avait une parmi elles qui, née de parents pauvres,
et moins dénuée que jamais depuis qu'elle était
entrée dans la communauté, craignait d'être
privée de la pauvreté volontaire. Elle commu-
niqua son tourment à sa mère qui lui dit : « Ma
» chère fille, chaque fois que cette pensée se
» présentera à votre esprit, protestez devant

» Dieu que si vous eussiez possédé tous les trésors
» du monde, vous les eussiez de bon cœur sa-
» crifiés pour son amour, et puis ne manquez
» pas de venir me faire part de votre peine. »
Cette bonne fille revint effectivement, je ne sais
combien de fois. En dernier lieu, ayant trouvé sa
mère en oraison, elle voulut se retirer; mais la
sainte mère courut après elle, fit la croix sur son
cœur, et la tentation fut à jamais dissipée. Pendant les douze ans qu'elle exerça la charge de
maîtresse des novices, elle en prit un soin incroyable, ne s'épargnant aucune fatigue pour les
instruire et les former aux vertus de leur saint
état. Pendant qu'elle fut supérieure, comme elle
savait par expérience qu'aux approches des
grandes fêtes ses ravissements devenaient plus
fréquents et plus longs, elle avait soin de pourvoir d'avance aux besoins de la communauté,
distribuant à des religieuses de confiance la sur-
veillance des divers emplois, mais surtout de ceux
qui avaient pour objet l'instruction du noviciat et
le service des malades. Cela n'empêchait pourtant
pas qu'aux heures où ces devoirs devaient être
remplis, elle se les rappelait, même pendant ses
extases, et prenait soin qu'on exécutât ses ordres
à cet égard. Quand les novices étaient souffrantes,
elle leur rendait des services si assidus et avec une
charité si tendre, que celles qui étaient récem-

ment sorties des bras maternels disaient hautement, qu'elles n'auraient pas été si bien traitées
dans la maison de leurs parents. La nuit n'interrompait pas sa vigilance sur elles. Au moindre
soupir qu'elle entendait, elle quittait son lit et
courait auprès d'elles pour savoir ce qu'elles
avaient et les soulager, selon leurs besoins, ce
qu'elle faisait d'un air si joyeux et si content,
qu'on aurait dit qu'elle recevait le service au lieu
de le rendre. Jamais on n'entendit sortir de sa
bouche une parole au préjudice du prochain. Elle
excusait les défauts et les imperfections de ses
sœurs en toute occasion, mais plus fortement encore en présence des novices, afin de les accoutumer à faire de même. Elle avait coutume de
dire, à ce sujet, qu'il est aussi facile de blesser
le prochain, quand on parle de lui, que de briser
un verre quand on le heurte. Jamais elle ne dif-
féra un service de charité qu'elle pouvait rendre
sur l'heure. Si un jour se passait sans qu'elle eût
l'occasion d'obliger quelque personne, elle le regardait comme perdu, tant sa charité était insatiable.

Que dirai-je des services qu'elle rendait aux
sœurs converses dans leurs emplois? Le nombre
des travaux qu'elle entreprit pour les soulager
serait incalculable. Elle épuisait son corps à les
servir. Elle travaillait plus à elle seule que quatre

converses. Elle en aida une pendant six ans dans les travaux de boulangerie ; elle se levait, pour cela, de très-grand matin, et était toujours la première à l'ouvrage. Quand les pains étaient formés, elle les mettait sur les tablettes et les entrait dans le four, sans consulter la faiblesse de sa complexion, ni même penser que c'était là la besogne d'une converse. Du reste, ce n'était pas seulement dans cet emploi qu'elle s'associait à ces bonnes filles. Elle partageait tous leurs ouvrages les plus pénibles et les plus dégoûtants. Lorsqu'il y avait une lessive à faire, elle remplissait d'eau les chaudières, transportait le bois, allumait le feu et plaçait le linge dans les cuves, de sorte que les converses trouvaient tout cela fait à leur arrivée. D'autres fois, pour n'être pas vue pendant le jour, elle employait cinq à six heures de la nuit à laver leur linge. Dans tous les offices où elle était secondée, elle prenait pour sa part ce qu'il y avait de plus pénible, et souvent, pour épargner de la peine aux autres, elle faisait tout par elle-même, lorsqu'elle en trouvait le temps et l'occasion. On peut dire en toute vérité qu'il n'y avait pas une officière dans la maison dont elle ne fût la servante, et elle aurait fait beaucoup plus encore si elle n'eût souvent trouvé sur son chemin l'émulation qu'elle excitait ; car tout le monde cherchait à la prévenir comme ell même cherchait à prévenir tout le monde. Lorsqu'elle travaillait avec les sœurs pendant la nuit, elle les avertissait de temps en temps d'interrompre leur travail et de se reposer un peu. Quant à elle, au lieu de prendre du relâche, elle continuait gaiement à travailler. Lorsque les autres la priaient de s'épargner, elle disait en riant, qu'elle avait une chair d'âne, à qui le travail profitait, au lieu de lui nuire. Après tout cela, elle se regardait encore comme une personne inutile et presque oisive, et elle s'excitait à travailler davantage, en disant que le repos ne convient point aux ânes, qu'ils doivent porter leur charge jour et nuit.

Pour soulager une converse qui était chargée de réveiller la communauté pour les matines, elle faisait cet emploi une semaine sur deux. La santé de cette sœur s'étant dérangée, cette sainte mère la pria de trouver bon qu'elle le fît toute seule, et en effet elle le continua pendant quinze ans. Si quelque converse refusait ses services, elle lui disait : « Ne me privez pas, ma sœur, du mé-
» rite de cette œuvre. Permettez que je la fasse
» avec vous ; vous ferez ensuite quelque chose
» pour moi. Il vaut mieux que nous travaillions
» ensemble pour les autres que pour nous-mêmes.
» Ce que nous faisons pour notre utilité est bien
» plus sujet à l'amour-propre que les œuvres qui

» ont pour objet l'utilité d'autrui. » Lorsque ses propres occupations l'empêchaient de prendre part aux travaux des converses, elle se disait : « Ces pauvres filles ont tant travaillé que je veux » leur procurer du repos. » Et pour cela elle allait faire leurs lits et balayer leurs chambres. Cependant, tout en se mêlant familièrement à leurs travaux, elle conservait une gravité qui les empêchait de se mettre trop à l'aise. Aussi avaient-elles pour elle un si profond respect, qu'il n'y en avait pas une qui eût osé se permettre en sa présence une parole oiseuse.

Que dirai-je maintenant de sa charité envers les infirmes? L'office de celles qui en étaient chargées excitait en elle une sorte de jalousie. Elle avouait qu'aucun emploi n'était plus conforme à ses goûts, et elle en parlait en toute occasion avec un plaisir sensible. « Plût à Dieu, disait-» elle quelquefois, que je fusse infirmière ! Je » pourrais les consoler de telle ou telle manière, » leur rendre tel et tel service, les soulager de » telle et telle façon, ce que je ne puis faire » maintenant, à cause des fonctions incompa-» tibles de ma supériorité. » Étant un jour ma-lade elle-même, elle disait à quelques religieuses: « A la vérité, je me soumets de bon cœur à la » volonté de Dieu ; mais s'il eût voulu faire de » moi une servante d'hôpital, combien je me

» trouverais heureuse ! Je rendrais à ces pauvres
» malades tous les services que je pourrais, tan-
» dis qu'on me lait faire ici un métier qui ne
» convient pas plus à mes mérites qu'à ma ca-
» pacité. Quel bien puis-je faire aux âmes, sans
» vertus et sans expérience ? » Une converse malade devait prendre chaque jour une décoction
prescrite par le médecin. On était alors au plus
fort de l'hiver. Elle se chargea de la commission
pour épargner l'incommodité du froid aux infirmières. Elle prévoyait et prévenait les besoins
des malades pour les empêcher de s'occuper trop
de leurs corps. Lorsqu'elle assistait des malades
très-souffrantes, elle leur disait quelquefois :
« Que je voudrais pouvoir voler vos douleurs !
» Dieu m'ayant donné une grosse complexion,
» j'y serais moins sensible que vous ne l'êtes. »
Ensuite elle leur procurait, avec une grande charité, tout ce qu'elle croyait propre à diminuer
leurs tourments. Aussi les malades étaient bien
contentes de l'avoir auprès d'elles, tant à cause
des soulagements que de l'édification qu'elle leur
donnait.

C'était le même zèle pour les convalescentes.
Elle cherchait à deviner tout ce qui pouvait être
de leur goût. Si elle trouvait à la cuisine quelque
chose d'appétissant, elle s'empressait de le leur
porter après avoir demandé la permission, pour leur

épargner la honte de la demander elles-mêmes. Autant que possible, elle leur laissait ignorer la main qui leur procurait ces petites douceurs, pour échapper à leurs actions de grâces. On la vit souvent, malade elle-même, porter à ses chères infirmes les aliments qu'on lui donnait, et pour les engager à les accepter, elle s'y prenait de manière à leur faire croire, ou qu'ils ne convenaient pas à sa santé, ou qu'ils n'étaient pas de son goût. C'était vraiment une chose surprenante, de voir comment elle pouvait, sans perdre le moins du monde son union avec Dieu, s'occuper ainsi des moindres choses qui étaient utiles aux autres, et reprendre cette sollicitude au sortir de ses ravissements. Une de ses sœurs, nommée Charité, devint aveugle et pulmonique. Elle se constitua sa servante pendant toute une année, faisant son lit, balayant sa chambre, lavant son linge, et lui rendant tous les autres services dont elle pouvait avoir besoin. Lorsque cette malade fut à l'extrémité, elle ne la quitta plus pendant dix jours et dix nuits, et prit d'elle tout le soin possible. La mère prieure lui ayant demandé pourquoi elle se dévouait de la sorte au service de cette sœur, elle répondit que Jésus lui était apparu sous la forme d'un pauvre, et lui avait dit que si elle voulait faire quelque chose qui lui fût agréable, il fallait qu'elle le servît dans la personne de son épouse.

Une autre fois, elle s'attacha au lit de douleur d'une autre religieuse, nommée Barbe Bassi, pendant quinze jours et quinze nuits, sans se dépouiller ni se coucher, se contentant de dormir quelques instants sur sa chaise. Elle se dévoua semblablement au service d'une sœur converse, qui avait à la jambe une plaie où fourmillaient les vers. Il en sortait une odeur si infecte, que notre sainte, craignant que les autres malades ne la pussent supporter, la fit mettre dans une chambre à part. Là, elle pansait sa plaie, en retirait les vers avec tant d'affection, qu'il lui arriva même d'y appliquer ses lèvres, selon le témoignage qu'en rendit cette sœur à la mère prieure, et l'aveu qu'elle en fit elle-même, forcée par l'obéissance à dire la vérité.

Sa charité ne se bornait pas à prendre soin des corps de ses sœurs malades; elle leur rendait aussi tous les services spirituels qui étaient à sa disposition, les fortifiant dans leurs maux, les consolant dans leurs ennuis, les exhortant à la patience, ou leur faisant des lectures analogues à leur position. Lorsqu'elle en était empêchée par ses occupations, elle envoyait à sa place une religieuse ou une novice. Quand elles approchaient de leur fin, elles ne manquaient pas de réclamer l'assistance de la sainte mère. Elle, de son côté, se rendait de grand cœur à leur désir, et redoublait de zèle

pour le salut de leurs âmes, les entretenant de
Dieu de la manière la plus touchante, ou leur lisant quelque passage de la Passion du Sauveur,
ou leur suggérant différents actes de dévotion
convenables à la circonstance. Lorsque ses infirmités l'empêchaient de quitter son lit, elle se faisait porter auprès de ses chères mourantes, en
disant : « Puisque l'Époux ne vient pas me cher-
» cher, je veux du moins assister au départ des
» épouses plus heureuses qu'il appelle dans son
» royaume. » Lorsqu'elles avaient rendu le dernier soupir, elle demeurait auprès de leurs corps
jusqu'à ce qu'on leur donnât la sépulture. Dans
ces occasions, elle était presque continuellement
en extase, et alors Dieu lui faisait connaître l'état
de leurs âmes dans l'autre vie. C'était dans leur
intérêt que Dieu lui donnait ces lumières ; car, si
elle les voyait dans le purgatoire, elle s'offrait à
souffrir quelque chose pour les retirer de ce lieu
de tourments, et souvent cette offrande était
acceptée, Dieu lui envoyant à l'instant des douleurs si vives qu'il lui semblait que sa chair était
lacérée par des chiens, ou rongée par des serpents.
Lorsque le Seigneur n'exauçait pas ses vœux à cet
égard, elle y suppléait par des jeûnes, des disci-
plines, ou d'autres pénitences. Elle voyait d'abord
les tourments que souffraient ces âmes et les fautes
qui les leur avaient mérités ; ensuite elle les voyait

sortir de leur triste prison, les suivait montant au ciel, y était témoin de leur gloire et des vertus qui les en avaient mises en possession. Et ce n'était pas seulement sur ses religieuses que Dieu lui communiquait de semblables lumières; c'était aussi sur ses parents et beaucoup d'autres personnes qu'on venait recommander à ses prières; mais nous avons déjà parlé de tout cela précédemment.

CHAPITRE XIX.

D'un exercice que Magdeleine faisait chaque matin, avec
une offrande d'elle-même, et cinq demandes pour les
ordres religieux.

———

Je pourrais parler ici savamment de
l'extrême pureté de conscience de
notre sainte, ayant été pendant
trois ans son confesseur extraordi-
naire, et ayant reçu d'elle toutes les ouvertures
d'une confiance absolue, lorsque je gouvernais
le collége de Florence, en qualité de recteur. Je
pourrais aussi invoquer, à ce sujet, le témoignage
de D. François Bienvenu, qui était alors confesseur du couvent, et celui de la mère prieure
Evangéliste, à qui Magdeleine rendait compte
de ses actions, et qui ensuite conférait avec moi

de tout ce qui lui arrivait ; mais, pour mettre dans tout son jour cette conscience aussi éclairée que délicate, qui voyait en elle jusqu'aux moindres imperfections, qu'elle traitait comme des fautes impardonnables, je préfère invoquer les faits. Je ne reviendrai pas sur cet examen de conscience qu'elle fit tout haut dans une extase, ni sur ces vingt règles de conduite que j'ai rapportées plus haut. Il suffit en ce moment de les rappeler en preuves de la pureté de son âme ; mais j'y ajouterai un autre fait qui nous la montrera avec un nouvel éclat.

Dans le désir ardent qu'elle éprouvait d'aimer son Dieu tous les jours davantage, et de faire continuellement de nouveaux progrès dans sa perfection, elle composa un exercice spirituel, qu'elle faisait ensuite chaque matin avec une affection inexprimable, en présence de sa divine Majesté. Le voici dans toute sa simplicité et tel que je l'ai trouvé écrit de la propre main de notre sainte :

« 1. Magdeleine, vous commencerez par vous marquer trois fois du signe de la croix, en disant ces paroles : « Que la sainte et indivisible » Trinité soit bénie maintenant et toujours e » dans les siècles des siècles. » Puis vous ferez l'examen de conscience (elle veut parler sans doute de l'examen de prévoyance), et vous offrirez à Dieu le sang de Jésus-Christ.

» 2. Vous adorerez le Père éternel et vous confesserez qu'il est Dieu, lui offrant en conséquence votre sang et votre vie.

» 3. Vous ferez la même chose, en adorant le Verbe et le Saint-Esprit, et vous terminerez cette adoration en priant chacune des trois personnes d'accomplir en vous sa divine volonté.

» 4. Vous adorerez le Verbe incarné et le reconnaîtrez pour vrai Dieu et vrai homme, lui offrant de répandre votre sang et de donner votre vie en témoignage de cette vérité.

» 5. Vous adorerez l'unité de la très-sainte Trinité par un acte du respect le plus profond, en lui faisant aussi l'oblation de vous-même.

» 6. Après cela, vous renouvellerez votre profession avec une affection aussi simple et aussi pure que possible, promettant d'observer parfaitement désormais vos règles et constitutions.

» 7. Vous vous consacrerez à l'auguste Trinité, offrant à sa pureté infinie vos pensées, vos intentions, vos paroles et vos œuvres, soit intérieures, soit extérieures, la suppliant de vous faire atteindre la fin pour laquelle *il vous a créée* et vous a appelée à l'état plus parfait de la religion.

» 8. Vous réfléchirez sur vous-même, pour reconnaître votre néant. Ensuite, élevant votre esprit jusqu'à Dieu, vous vous réjouirez de ses infinies perfections, de ce qu'il est inscrutable, inintelligible, incompréhensible à tout autre esprit que le sien. Vous vous réjouirez de ce que toutes les créatures qui sont dans le ciel et sur la terre le louent, le glorifient et publient ses grandeurs. Vous vous réjouirez de ce que toutes les créatures, en faisant tout ce qu'elles peuvent, ne font rien de proportionné à sa grandeur infinie. Vous vous réjouirez enfin de ce qu'il est Dieu.

» 9. Vous confesserez ensuite qu'il est le souverain bien, infiniment aimable par lui-même, et vous désirerez l'aimer aussi parfaitement que l'aiment tous les bienheureux, que l'ont aimé, l'aiment et l'aimeront tous les justes de la terre; vous ferez plus encore, vous désirerez l'aimer aussi parfaitement qu'il s'est aimé, s'aime et s'aimera éternellement, et vous lui rendrez grâce de ce qu'en s'aimant lui-même, il supplée à ce tribut d'amour que nous lui devons et lui payons si mal.

» 10. En adorant de nouveau la très-sainte Trinité, vous lui offrirez toutes ses perfections, et puis la plénitude de grâces, les mérites et les vertus du Verbe fait homme, de la Vierge mère et de tous les élus.

» 11. Vous désirerez pouvoir faire et souffrir ce que toutes les créatures feront et souffriront jusqu'à la fin du monde pour son honneur et pour sa gloire.

» 12. Vous désirerez pouvoir, pendant tout le cours de votre vie, et spécialement pendant la journée qui commence, le louer, l'exalter, l'honorer et le glorifier, autant que le louent, l'exaltent, l'honorent et le glorifient ensemble tous les esprits bienheureux et toutes les créatures, et surtout autant qu'il le fait lui-même par un acte d'amour.

» 13. En adorant derechef la très-sainte Trinité, avec un acte d'amour aussi tendre que possible, vous rendrez grâces à sa divine Majesté du bien qu'elle possède, vous en réjouissant avec cette complaisance qu'inspire une sincère amitié. Vous la remercierez également de tous les dons accordés à l'humanité du Verbe, à la bienheureuse Marie et à tous les saints, de toutes les grâces qu'ont reçues, que reçoivent et recevront à l'avenir les élus. Vous la remercierez encore de vous avoir créée à son image et ressemblance, de vous avoir rachetée par le sang de Jésus-Christ, de vous avoir consacrée et épousée, de toutes les communications qu'il vous fait de lui-même, de toutes les grâces enfin dont il ne cesse de vous combler; vous réjouissant de tant de bienfaits, non parce qu'ils vous enrichissent, mais parce qu'ils vous mettent en état de l'honorer davantage et de le mieux servir ; retournant toutes ces faveurs à sa propre gloire et lui offrant le sang de l'Agneau sans tache, en retour de sa miséricorde à votre égard. Ici vous donnerez plus d'essor à votre ferveur, et désirerez ardemment vous unir à un Dieu si aimable, dont vous connaissez la grandeur et l'immensité, croyant, avec une vive foi, que par son infinie puissance et sa libéralité il veut s'unir à vous, et vous reconnaissant indigne d'une telle grâce.

» 14. Vous vous adresserez au Père éternel et le supplierez de vous donner son Verbe. Lorsqu'il vous l'aura donné, vous vous enfermerez avec lui dans votre cœur, et là vous lui ferez un sérieux abandon de vous-même, en union de l'acte qu'il fit sur la croix, lorsque, prêt à rendre le dernier soupir, il remit son âme entre les mains de son Père. Vous résignerez aussi votre volonté entre les mains du Père éternel, par ces paroles : *Que votre sainte volonté soit faite,* en union avec l'acte que fit Jésus-Christ au jardin des Oliviers, en disant : *Que ce ne soit pas ma volonté qui se fasse, mais la vôtre.* Vous prierez le Père de vous maintenir dans la conformité à sa volonté, en vous offrant à lui comme sa fille. Vous prierez le Verbe de vous faire part de son amour, en vous offrant à lui comme épouse. Vous prierez le Saint-Esprit de vous accorder l'humilité, en vous offrant à lui comme sa disciple. Vous offrirez encore au Père

éternel le Verbe avec toutes ses divines perfections, sa sainte humanité, ses pensées, ses paroles et ses œuvres, et vous-même en lui, avec
un bouquet de myrrhe cueilli dans sa Passion et
trempé dans son sang ; entendant faire cette oblation dans le temple divin par excellence, qui est le
cœur de Jésus, et en union avec toutes les offrandes
qu'il fit de lui-même pendant qu'il vécut sur la
terre. Vous ferez cette oblation du Verbe pour
toute l'Église militante, souffrante et triom-
phante, en désirant donner à cet acte toute la
perfection qu'il peut obtenir ; et parce que le
Père éternel se complaît singulièrement dans
cette offrande, vous ferez en sorte de la partager vivement, et dans cette préparation de cœur,
vous recevrez la croix ensemble avec le Verbe,
bien résolue à le suivre jusqu'à la mort. Vous
ferez ensuite à Dieu, considéré comme Père,
comme Époux et comme Maître, les protesta-
tions suivantes :

« 1. De tendre de toutes vos forces à la plus
parfaite humilité.

» 2. D'adorer et de confesser l'unité de la
Trinité pour tous ceux qui ne la connaissent ni ne
l'adorent.

» 3. De mettre la pauvreté en honneur par
la manière de la pratiquer, la faisant présider à
tout ce qui est à votre usage.

» 4. De rendre service, autant qu'il vous sera possible, aux êtres souffrants et affligés.

» 5. De faire toutes vos œuvres intérieures et extérieures dans les plaies de Jésus-Christ.

» 6. D'offrir en vous un refuge à toutes les imperfections qui se commettent dans le monastère, après avoir congédié les vôtres.

» 7. De vous éloigner des choses du monde et de vous-même, de toute la distance qui sépare le ciel d'avec la terre.

» 8. De vous réjouir du mépris et de la confusion, comme Dieu se réjouit de son honneur.

» 9. D'être contente d'appartenir à Dieu, d'avoir en partage la pauvreté d'esprit, et d'être prête à tout souffrir plutôt que de mettre obstacle à la perfection des autres.

» 10. De compatir à l'affliction du Seigneur, à cause des injures faites à sa divine Majesté. Après avoir terminé cet exercice avec votre Dieu, vous irez à la très-sainte Vierge et vous lui rendrez le culte d'adoration qui lui convient. Ensuite vous la prierez de vous associer à ses qualités de mère, d'épouse et de fille de Dieu. Or, vous pouvez devenir mère de Dieu par la conformité et l'uniformité de votre volonté avec la sainte volonté de Dieu. Vous pouvez devenir sa fille par le pur amour, et son épouse par la fidélité aux promesses que vous lui avez faites. Vous offrirez encore à

cette divine Vierge votre monastère, qui est sa maison. en la priant de la garder comme elle garda son divin Fils, comme elle garda sa propre pureté et sa précieuse virginité ; et puis vous lui ferez cette protestation dévote : « Mère très-pure,
» ma Mère très-aimable, je proteste devant votre
» Majesté que j'observerai fidèlement les règles
» et les ferai observer aux autres, que je travail-
» lerai avec tout le zèle dont je suis capable, d'a-
» bord à ma propre perfection, et ensuite à celle
» de vos filles que la divine Providence m'a con-
» fiées, ou qu'elle me confiera dans l'avenir. »
Et vous réciterez là-dessus trois fois la Salutation angélique. Vous vous offrirez de même à votre ange tutélaire, en le priant de veiller toujours à votre sûreté, et lui protestant que vous voulez correspondre avec fidélité à ses inspirations inté- rieures. Enfin, vous protesterez à vos saints pro- tecteurs et à tous les saints du paradis de la dis- position où vous êtes de célébrer dignement leurs fêtes, de révérer leurs reliques et leurs images, et surtout d'imiter leurs vraies et solides vertus. »

Dieu fit connaître à cette sainte mère, dans une extase, que, dans tous les monastères, on devrait lui faire cinq demandes, pour y conserver la vigueur de la discipline et la première régula- rité. Mais avant de les rapporter, il faut entendre les exclamations dévotes que cette révélation fit

faire à Magdeleine : « O Jésus ! mon doux Époux,
» lui dit-elle, que l'ancienne beauté de l'obser-
» vance religieuse est actuellement changée ! que
» le triple lien qui unit vos épouses à vous est
» relâché ! Qu'est devenue la sainte obéissance?
» Comment se fait-il que les âmes religieuses
» aient horreur de la pauvreté et estiment si peu
» la perle inestimable de la chasteté ? Oui, je
» comprends maintenant que pour conserver la
» régularité dans les monastères, on devrait vous
» demander avec autant de ferveur que de per-
» sévérance :

» 1. L'union avec vous, ô mon Dieu ! et
» avec le prochain, par le doux lien de la cha-
» rité.

» 2. La stricte observation du vœu d'obéis-
» sance.

» 3. Des supérieures selon votre cœur.

» 4. Une pratique austère de la sainte pau-
» vreté.

» 5. Enfin, une grâce qui fasse comprendre
» à toutes les âmes engagées à votre service
» l'importance d'une parfaite abnégation et de
» l'observation des moindres règles.

» Oh ! combien il est nécessaire, ô mon Dieu !
» que ces grâces vous soient demandées ! Com-
» bien il est nécessaire que votre bonté les ré-
» pande dans tous les monastères, afin que vous

» y soyez servi dans la perfection conforme à vos
» désirs ! Mais à moins qu'on ne vous les de-
» mande avec une grande droiture d'intention
» et d'instantes prières, vous ne voulez pas les
» accorder. Non, non, vous ne le voulez pas.
» Je vous les demanderai donc, ô mon Dieu ! au
» nom de toutes les âmes religieuses. Mais,
» hélas ! je sais trop que ces dons précieux, au
» lieu de trouver dans leurs cœurs les disposi-
» tions convenables à leur réception, n'y ren-
» contrent que des obstacles. Si vous voulez,
» ô Verbe ! répandre en elles votre amour unitif,
» la volonté propre qui n'est point entièrement
» soumise à l'obéissance lui ferme le passage. Si
» vous voulez leur communiquer l'obéissance, le
» défaut d'esprit de foi qui fait voir Dieu dans
» les supérieures s'oppose à son entrée : quand
» il s'agit de les élire, ce n'est pas sa volonté,
» c'est le respect humain que l'on consulte ; d'où
» il arrive que n'étant pas selon son choix, elles
» ne sont pas selon son cœur. Enfin la sensua-
» lité vient, à son tour, s'opposer à l'exécution
» des règles. Ah ! plût à Dieu que toutes les
» jeunes personnes qui entrent en religion com-
» prissent les obligations d'une véritable reli-
» gieuse, et combien il importe d'observer ce
» que l'on promet ! S'il en était ainsi, oh ! quelle
» abnégation on rencontrerait dans les commu-

» nautés, et quelle régularité parfaite ! » Tel est ce célèbre exercice que Dieu lui dicta dans une extase, et que l'on a trouvé parmi ses écrits. Or, on peut juger par là de la pureté de son âme ; car il est indubitable que, dans sa conduite, elle s'y conformait parfaitement.

CHAPITRE XX.

De la profonde humilité de sainte Marie-Magdeleine.

———

Ntre les nombreuses vertus qui rendirent notre sainte agréable à Dieu et aimable à toutes les personnes qui la connurent, je signalerai son humilité profonde, qui se manifestait dans ses rapports avec Dieu et avec le prochain, et ne brillait pas moins dans ses discours que dans sa conduite. Pleine de mépris pour elle-même, elle se croyait sincèrement la plus vile, la plus abjecte, la plus ignorante de toutes les religieuses de la maison et la plus grande pécheresse du monde. Cette conviction était si profonde, qu'elle ne pouvait comprendre comment le Seigneur, les

anges et les saints pouvaient la souffrir sur la terre. Il lui arrivait quelquefois d'en témoigner son étonnement, et de manifester la crainte de la voir ouvrir son sein pour l'engloutir. « Que di-
» riez-vous, ma sœur, disait-elle un jour à une
» de ses compagnes, si la terre ouvrait son sein
» et m'ensevelissait toute vivante ? » Or, elle ne disait pas cela par manière de parler, mais par la persuasion intime que lui communiquait sa profonde humilité. Chaque fois qu'elle voyait sa mère prieure venir à elle, la pensée de son renvoi lui venait à l'esprit, et elle tremblait de s'entendre dire : « Quittez ce saint lieu, Magdeleine, et re-
» tournez chez vos parents ; vous êtes indigne de
» vivre dans une société si sainte, toute compo-
» sée de dignes épouses de Jésus-Christ. » Lors-que le supérieur la faisait venir lui parler, elle commençait par se prosterner à ses pieds, persuadée qu'il allait la reprendre de ses défauts et lui imposer une sévère pénitence. Elle ne se rendait au chœur avec les autres qu'en tremblant, parce qu'elle se réputait indigne de paraître en la présence de Dieu et de publier ses louanges avec ses mères et ses sœurs qu'elle croyait toutes saintes ; elle en était si persuadée, en effet, qu'elle ne cessait de faire l'éloge de leurs vertus, soit pendant leur vie, soit après leur mort, de manière à en donner à ceux qui l'entendaient

l'idée la plus avantageuse. Lorsqu'elle venait ensuite à se considérer par comparaison avec elles,
elle se regardait comme une misérable créature,
pleine de défauts et de péchés. Son humilité gros-
sissait tellement à ses yeux ses imperfections,
qu'elle se croyait sujette à tous les vices, et par là
même indigne de paraître aux yeux de ses sœurs.

Lorsqu'elle entrait dans le chœur, elle se disait
à elle-même, avec un sentiment de crainte :
« Quelle merveille que je sois admise à paraître
» devant cette souveraine pureté! » Et quelquefois il lui semblait entendre une voix qui arti-
culait ces paroles : « Qu'on chasse l'iniquité du
» milieu des saintes ; car elle empêche que leurs
» prières montent comme la fumée de l'encens
» jusqu'au trône de Dieu. » Pendant l'office, elle
gardait une posture humiliée, et tenait ses yeux
attachés à la terre, pensant que ses sœurs pouvaient, à ce moment, se rappeler ses défauts et
connaître son indignité. Pendant une extase de
deux heures, Dieu lui fit voir toutes les fautes et
tous les défauts même les plus légers dont elle
s'était rendue coupable dans le cours de sa vie. A
cette vue, saisie de douleur, elle dit d'une voix
lamentable : « Ah ! que j'irais volontiers en en-
» fer, si cela pouvait faire que je ne vous eusse
» jamais offensé, mon Dieu ! » Elle se croyait
fort obligée à ses sœurs qui l'avaient reçue dans

le monastère, et, en conséquence, on la vit quelquefois baiser la terre qu'elles venaient de fouler aux pieds. Si elle croyait voir en elles quelque faiblesse, elle les excusait aussitôt, ou bien elle disait : « Mes misères sont bien autre chose. » Lorsqu'on la priait d'intercéder pour quelque pécheur, elle répondait : « Hélas ! je prie pour les » autres ; mais Dieu me fasse la grâce de ne pas » devenir plus méchante qu'eux. » Dans d'autres occasions, elle disait avec humilité : « Si le » Seigneur me retirait sa main, il n'est pas de » crime si grave et si énorme que je ne com- » misse. » Alors elle baisait les murailles de son monastère, en disant : « Si j'étais restée dans le » siècle, hors de ces murs, j'aurais commis de » si grands crimes, qu'on m'eût fait mourir par » la main du bourreau. J'ai donc de grandes rai- » sons pour aimer cette clôture protectrice. » Elle parlait de ses défauts avec une telle exagération, que quiconque ne l'aurait pas connue, l'aurait regardée comme une mauvaise religieuse.

Dans l'année 1602, on reçut au noviciat une jeune personne noble, âgée de dix-neuf ans. Cette novice, qui était judicieuse, eut bientôt apprécié le mérite et la sainteté de sa maîtresse, et, en conséquence, elle l'aimait et l'estimait beaucoup. La sainte mère, s'en étant aperçue, cherchait l'occasion de lui ôter cette opinion avan-

tageuse, en lui manifestant ses défauts. Ne la trouvant pas, malgré sa bonne volonté, il lui vint en
pensée de raconter à cette novice les tristes tentations qu'elle avait essuyées pendant cinq ans.
Cette idée la réjouit, et sur-le-champ elle fut demander à sa prieure la permission de la suivre ;
mais cette permission lui fut refusée. Quelques
jours après, se sentant reprise du même désir,
elle fut le communiquer au confesseur qui lui permit de le satisfaire. Toute joyeuse, elle fut chercher sa novice, la conduisit dans une chambre à
l'écart, et là, tombant à ses genoux, elle lui dit
d'une voix entrecoupée de gémissements et de
sanglots, et en versant des larmes en abondance :
« Je désire, ma sœur, que vous sachiez quelle
» maîtresse on vous a donnée, afin d'accroître
» votre mérite dans l'obéissance que vous me de
» vez à cause de ma charge, toute mauvaise que
» je suis, et que je vous prie de me garder,
» nonobstant ce que vous allez entendre. »

« Sachez donc, ma sœur, que j'ai été le scan
» dale et la honte de cette sainte maison pendant
» cinq années. » Et là-dessus, voilà qu'elle lui
raconta comme de grands péchés toutes les tentations qu'elle avait souffertes. Ainsi, par exemple, elle lui dit qu'elle avait été gourmande, parce
que le démon lui en avait inspiré la pensée ; hypocrite, parce que ses sœurs étaient persuadées

qu'elle faisait des jeûnes très-sévères. Elle se nomma voleuse, parce qu'il lui était venu à l'esprit de prendre quelque chose sans permission ; menteuse, parce qu'elle avait célé la vérité, par charité, dans une circonstance. Elle lui peignit des mêmes couleurs les tentations d'infidélité, d'orgueil, de sensualité, d'apostasie et de désespoir, et elle disait cela en continuant de pleurer aussi amèrement que si ces suggestions eussent été des fautes réelles. Ensuite elle ajouta : « Si
» Dieu eût permis que je demeurasse dans le
» siècle, très-certainement la justice des hommes
» ne m'eût pas laissé vivre après des crimes si
» affreux. Si j'eusse vécu dans un autre monas-
» tère, où l'on eût eu moins de charité que dans
» le nôtre, j'aurais été, sans aucun doute, en-
» fermée dans une prison pour le reste de mes
» jours. Mais ces saintes mères et sœurs ont des
» cœurs si compatissants, qu'elles m'ont tolérée
» avec une inépuisable patience. Oh ! que je leur
» dois de reconnaissance ! oh ! qu'elles se sont
» montrées miséricordieuses à mon égard ! Voyez,
» ma sœur, lui dit-elle en finissant, voyez quelle
» maîtresse vous avez. Priez Dieu pour moi,
» afin qu'il me fasse miséricorde et ne me jette
» pas dans l'enfer que j'ai tant mérité. » Et elle était toute tremblante comme si elle eût été réellement coupable de quelques grands péchés.

Ce récit plongea la pauvre novice dans un étonnement indicible, et lorsque sa maîtresse l'eut quittée, son esprit flottant ne savait trop à quel jugement s'arrêter. Elle pensa d'abord que si elle avait été réellement une si grande pécheresse, Dieu ne manquerait pas de lui faire miséricorde et de la rendre sainte, à cause de l'aveu qu'elle venait de lui faire avec tant d'humilité ; ce qui la confirmait encore dans cette espérance, c'était la contrition de cette mère, dont les larmes abondantes l'avaient si sensiblement touchée qu'elle n'avait pu retenir les siennes. Ensuite, repassant dans son esprit toutes les fautes énormes dont elle venait de s'accuser (car elle avait pris toutes ses tentations pour de grands péchés), elle eut peine à croire qu'elle les eût réellement commises, et que d'un état si coupable elle en fût venue à cet état de sainteté qui faisait son admiration. Après avoir longtemps flotté entre ces diverses pensées, elle finit par ne rien conclure, et son esprit était fort mal à l'aise ; mais Dieu vint à son secours, et voulut lui faire connaître que le langage qu'elle venait d'entendre était un langage d'humilité. Au plus fort de son trouble, elle se sentit inspirée d'aller à l'église ; elle y fut, en effet, et se prosternant aux pieds de Jésus-Christ, elle lui dit : « Si ma mère a été telle qu'elle se » représente, je l'ignore ; ce que je sais, c'est

» qu'elle est maintenant une fidèle servante de
» votre Majesté. Aussi veux-je lui conserver le
» respect et l'affection que je lui porte. » A peine
avait-elle proféré ces paroles, que son malaise intérieur se dissipa, et qu'elle comprit parfaitement
que sa maîtresse avait voulu, par humilité, se
faire passer pour une grande pécheresse. Plus
tard, elle apprit de quelques religieuses que la
sainte mère avait eu, en effet, beaucoup de tentations, mais qu'elle en avait glorieusement triom-
phé, ce qui augmenta tellement sa vénération pour
elle, qu'elle la considérait depuis lors comme une
chose sacrée. Pendant ce temps-là, la sainte
mère, bien persuadée que sa novice la regardait
comme une indigne religieuse, lui disait souvent :
« Souvenez-vous de moi, devant Dieu, ma sœur,
» car vous connaissez bien mes nécessités. » Lui
revenait-il à la mémoire quelque circonstance de
ces prétendus péchés que cette novice ne connaissait pas encore, elle profitait de la première occasion pour s'humilier de nouveau devant elle, en
lui en faisant le sincère aveu. Quelquefois, en tra-
vaillant avec elle, touchée d'une vive contrition,
elle lui disait : « Ma sœur, vous savez combien j'ai
» commis de péchés. Priez Dieu, afin qu'il me
» pardonne ; je vous demande cette preuve de
» votre charité. » Jusque-là cette novice avait
toujours joué le rôle d'une personne convaincue ;

mais enfin, voulant à son tour convaincre sa mère, elle lui dit un jour : « Ma mère, pour faire à Dieu » quelque offense, il faut consentir volontaire-» ment à l'offenser. — Oh ! pour cela, répondit » Magdeleine avec droiture, je ne l'ai jamais » fait. Au plus fort de mes offenses, j'ai toujours » eu le désir d'honorer Dieu, j'ai toujours aimé » Jésus qui m'a fait tant de biens. » C'est ainsi qu'elle fut forcée de reconnaître son innocence.

Une autre fois, elle s'accusa d'être une sensuelle et une gourmande, parce qu'elle avait mangé sans permission, c'est-à-dire que, distribuant à ses filles je ne sais quels noyaux confits, il en tomba deux sur sa robe, et ne sachant qu'en faire, elle les mangea. Voilà ce qu'elle appelait une gourmandise. Lorsqu'il était question d'imperfections, de défauts, de transgressions des règles, cette sainte mère revendiquait tout cela pour elle-même, et prétendait avoir ces défauts au souverain degré. Dans cette persuasion, elle dit un jour à une de ses sœurs : « Ma sœur, si » vous m'aimez, comme je le crois, je vous de-» mande d'examiner de près tous mes manque-» ments, et ensuite de me les faire connaître. » Cette religieuse se mit sérieusement à l'œuvre, pour lui prouver son amitié. Elle avait donc con tinuellement les yeux sur elle, au réfectoire, à la chapelle, dans les autres lieux de la communauté,

pendant tous les exercices ; elle la suivait à la récréation, pour entendre tout ce qu'elle disait ;
mais elle eut beau l'observer avec cette attention
scrupuleuse, elle ne trouva pas à noter le moindre défaut, elle n'entendit pas une parole oiseuse
sortir de sa bouche. Elle remarqua, au contraire,
que tout ce qu'elle faisait et disait mettait ses
sœurs en dévotion et les stimulait à marcher plus
vite dans les voies de la perfection. Souvent encore elle se prosternait en pleine communauté,
et conjurait ses sœurs de lui reprocher ses fautes.
Celles-ci, pour la satisfaire ; lui reprochant des
choses où il n'entrait pas l'ombre d'une imperfection, elle s'humiliait profondément, croyant sur
la parole de ses sœurs qu'elle était vraiment coupable, et attribuait à son orgueil ou à son ignorance l'illusion qu'elle s'était faite jusque-là sur
des défauts si grossiers.

Elle se croyait si sincèrement une grande pécheresse, que, sur le point de mourir, après
avoir reçu l'Extrême-Onction, elle disait à ses
sœurs : « Je crois que Dieu se hâte de m'enlever
» de ce monde, pour n'être pas forcé à punir
» par quelque châtiment terrible mes grands et
» nombreux péchés. » Une de ses filles lui ayant
demandé comment il pouvait se faire qu'elle eût
si mauvaise opinion d'elle-même, après tant de
faveurs dont Dieu l'avait comblée : « J'admire,

» ma sœur, lui répondit-elle, votre simplicité.
» Sachez donc que sans ses faveurs dont vous
» dites que Dieu m'a comblée, et qui effective-
» ment ont été ma sauvegarde, je me serais
» précipitée dans tous les crimes par lesquels on
» peut offenser sa divine Majesté. Il n'en a pas
» usé de même à l'égard des autres personnes
» de la communauté, parce qu'elles sont dociles
» à sa voix et le servent sans avoir besoin de ces
» grâces extraordinaires ; d'où il suit que je suis
» en réalité la plus misérable de la maison. »
Lorsqu'elle manifestait la crainte que la terre
s'entr'ouvrît pour la dévorer, une de ses sœurs lui
ayant demandé si elle éprouvait réellement cette
crainte, elle répondit : « Comment ne redoute-
» rais-je pas un malheur trop bien mérité ? Si je
» n'ai pas commis de ces péchés qui font perdre
» la grâce de Dieu, c'est qu'il m'en a ôté l'oc-
» casion, ou m'a retenue sur le bord de l'abîme.
» Si d'autres avaient reçu les mêmes grâces qui
» m'ont été données avec tant d'abondance, si
» la divine bonté leur eût offert les mêmes moyens
» de salut, au lieu de le payer d'ingratitude, elles
» l'eussent certainement honoré beaucoup mieux
» que je ne l'ai fait. » En parlant ainsi, elle se
mit à genoux, et commença à s'accuser avec une
grande humilité des tentations susdites : après
quoi, elle conclut en disant : « Voyez, si je n'ai

» pas raison de craindre la justice de mon
» Dieu. »

Elle ordonnait quelquefois à une de ses novices
de lui reprocher ses fautes ; après quoi, se mettant à genoux , elle lui baisait les pieds et la priait
de marcher sur sa tête , ou de lui donner la discipline. D'autres fois, elle leur commandait, sous
peine de désobéissance, de lui infliger ce dernier
châtiment ; après quoi, elle leur recommandait
de n'en rien dire à personne. Souvent, pendant
qu'elles lui rendaient ce pénible service , elle leur
disait : « Frappez plus fort, de peur que le dé-
» mon se moque de nous. » Une nuit, ayant
appelé une sœur converse qui veillait dans sa
chambre , elle lui dit : « Venez ici , ma sœur ,
» venez faire l'obéissance de Jésus. » Ensuite
elle lui ordonna de la flageller avec des chaînettes
de fer , pendant une demi-heure , et de temps en
temps elle lui recommandait de frapper plus fort.
Elle eut la coutume, pendant quelque temps , de
s'accuser chaque jour de ses prétendues fautes
aux pieds d'une novice, et de se faire imposer une
pénitence, qu'elle exécutait ponctuellement. S'é-
tant aperçue , sans doute, que cet exercice était
par trop pénible à cette novice, elle se fit rendre le
même service pendant neuf ans entiers. Elle allait
donc chaque jour se prosterner devant elle, accusait celles de ses actions qu'elle croyait défec-

tueuses, et l'aveuglement qui l'empêchait d'en apercevoir les défauts. Elle ne manquait pas d'ajouter qu'elle avait à soutenir des tentations pénibles. Ensuite elle lui disait : « Ma sœur, si » vous m'aimez, si vous vous intéressez à mon » salut, il est nécessaire que vous me donniez la » discipline, et que vous ne m'épargniez pas les » reproches humiliants. » Depuis ce temps jusqu'à sa mort, elle voulut avoir une admonitrice, qui la reprît, l'humiliât et la punît de ses défauts. Lorsqu'elle entendait dire à quelqu'une : « Le » crucifix me suffit, » elle ajoutait : « Quant à » moi, le crucifix me sert bien peu, si je ne » m'humilie devant les créatures. »

Une religieuse lui ayant demandé si tant de grâces qu'elle avait reçues n'avaient point été pour elle l'occasion de quelque vaine complaisance, elle répondit : « Je n'ignore pas que per- » sonne n'a droit de se glorifier de ce qui n'est » pas à elle; comment voulez-vous donc que je » me complaise dans les faveurs que Dieu m'ac- » corde, puisque je sais qu'elles sont à lui. » Un jour, la sœur Pacifique lui lisant le compte-rendu de ses extases, afin qu'elle en corrigeât les erreurs, s'il y en avait, s'avisa de lui demander si cette lecture ne faisait naître en elle aucune pensée superbe : « Pas plus, répondit Magde-

» leine, que si vous me lisiez un autre livre. Je
» reconnais seulement que Dieu m'a donné tous
» les sentiments exprimés dans cet écrit. » Ayant
trouvé dans un des cahiers de cette sœur certains
faits relatifs à sa propre personne, elle le brûla.
Pacifique affligée de cette perte, et craignant
quelque nouveau malheur, fut s'en plaindre à la
mère prieure. Celle-ci fit venir Magdeleine, et la
reprit sévèrement de ce qu'elle avait fait cet acte
d'autorité sans sa permission. Cette sainte fille,
persuadée par cette réprimande qu'elle avait eu
tort, s'humilia profondément et devant sa mère
et devant celle qui avait fait cet écrit; la mère
prieure lui ayant ensuite demandé si elle en avait
agi ainsi parce qu'elle sentait en elle-même quelque mouvement d'orgueil ou de vaine gloire :
« Nullement, ma mère, répondit-elle ; mais,
» n'ayant reçu aucune défense d'opérer cette des-
» truction, j'ai cru qu'il était de mon devoir de
» faire disparaître ce qui tournait à mon avan-
» tage : et je l'ai cru d'autant mieux, qu'on m'a
» rapporté qu'une personne spirituelle en agit de
» même en pareil cas. » Le confesseur, instruit
de cet accident, n'en fut pas moins mécontent
que la mère prieure. Il lui fit donc des reproches,
à son tour, avec défense, en vertu de la sainte
obéissance, de détruire désormais rien de sem-

blable, sans sa permission. Magdeleine obéit, et cette défense nous a valu la conservation de tant de choses édifiantes , que l'humilité de cette sainte n'aurait pas manqué de soustraire à la postérité.

CHAPITRE XXI.

Autres exemples d'humilité de Magdeleine, suivi d'un document sur cette vertu.

ON-SEULEMENT elle n'ambitionnait point les charges du monastère, mais elle s'en réputait indigne, et pleurait beaucoup lorsqu'on les lui imposait. Elle enseignait donc l'humilité non moins par ses exemples que par ses paroles. Dans cette intention, elle demanda un jour à une de ses novices si elle se ferait volontiers religieuse, à condition de n'avoir jamais voix au chapitre. Celle-ci ayant répondu négativement, voulant, disait-elle, être religieuse comme toutes les autres : « Eh bien ! » moi, reprit la sainte mère, je voudrais, de » tout mon cœur, être dans ce degré d'humilité

» et d'abjection, et je céderais volontiers ma
» place et ma voix à celle que je croirais devoir
» en faire un meilleur usage. » Une de ses
grandes attentions avait pour objet de cacher ses
vertus, en prétextant qu'elle agissait, non par un
motif vertueux, mais par une espèce d'inclination
naturelle. Elle faisait ses délices des vies des
saints qui, dans les monastères, avaient trouvé
le moyen de se faire oublier ou de se faire regarder comme des insensés, et son grand désir était
d'imiter leur exemple, s'il lui avait été possible.
Dans ses ravissements aussi bien que dans son
état naturel, elle ne cessait de demander à Dieu
la grâce de n'occuper aucune place dans la pensée des créatures, et de leur cacher si bien les
faveurs qu'elle recevait de sa bonté, qu'elles ne
pussent pas seulement s'en douter. C'est assuré-
ment ce qui serait arrivé, si Dieu ne s'était chargé
lui-même de faire connaître son état extraordinaire, tant elle avait grand soin de taire ce qui
se passait dans son intérieur. Aussi, ses extases
l'affligeaient-elles beaucoup, et la mère prieure,
qui le savait, avait grand soin de renvoyer tout
le monde lorsqu'elle la voyait revenir à elle-même,
par ménagement pour son humilité.

Quand elle faisait quelque acte vertueux devant ses novices, elle leur recommandait ordinairement le silence. Elle aurait désiré ne point

connaître l'avenir : et dans ses ravissements,
quand elle voyait arriver cette lumière, elle ne
manquait pas de dire : « Gardez, Seigneur, ces
» secrets pour vous ; je ne mérite pas de sem-
» blables confidences. » Si Dieu persistait à vouloir lui faire ces révélations, elle les gardait pour
elle, autant que le permettait l'obéissance, et
lorsque des personnes séculières la consultaient
sur des choses de ce genre, elle faisait semblant
de n'en rien savoir. Dans le temps qu'elle marchait sans chaussure, s'il arrivait quelque postu-
lante au monastère, elle prenait aussitôt des cou-
vertures de souliers sans semelle, afin que cette
jeune personne ne vît pas qu'elle marchait nu-
pieds. Il arrivait souvent que les infirmes du monastère lui demandaient sa bénédiction, ou que
la mère prieure lui commandait de traiter avec
Dieu quelque affaire. Alors elle s'adjoignait une
compagne, autant qu'elle le pouvait, afin de lui
attribuer l'honneur du miracle, s'il en arrivait.
Elle avait une si pauvre opinion d'elle-même,
que toutes ses actions lui semblaient défectueuses :
aussi demandait-elle à Dieu, après chacune, le
pardon des défauts qu'elle y avait sans doute
mêlés. Par un effet de cette crainte qui l'accom-
pagnait dans toutes ses œuvres, elle ne manquait pas de dire à ses compagnes, ou aux novices qui la voyaient agir : « Vous semble-t-il,

» mes sœurs, que cette chose soit faite comme
» elle doit l'être? Dites-moi ce que vous en
» pensez, je vous le demande en grâce. » Si
quelqu'une, pour entrer dans ses vues, répondait
qu'il pouvait bien y avoir quelque imperfection
dans la chose ou dans la manière de la faire,
elle se croyait en faute, et inclinait aussitôt sa
tête pour en demander pardon à Dieu. Et telle
était sa simplicité, qu'elle en agissait ainsi dans
ses œuvres les plus louables et les plus parfaites.

Le démon était singulièrement mécontent de
voir que, par humilité, elle préférait le conseil
des autres au sien, en toute circonstance, si bien
que plusieurs fois, il ne put dissimuler sa mauvaise humeur à ce sujet. Ainsi, par exemple,
lorsqu'elle faisait, une fois, les exercices de saint
Ignace, étant allée demander conseil à une autre
religieuse sur la méditation de Jésus priant au
jardin des Olives, il se fit un tel fracas sur le toit
de la maison, que la pauvre religieuse crut toute
la couverture emportée. « Qu'est-ce que cela,
» ma sœur Marie? s'écria-t-elle avec épouvante;
» d'où peut venir un bruit si affreux? » Magdeleine se mit à rire, en disant : « Que voulez-
» vous que ce soit? demeurez en paix. » Elle
n'en courut pas moins au jardin, et là, voyant
que pas une tuile n'était sortie de sa place, elle
comprit que ce fracas venait du démon, mécon-

tent de l'acte d'humilité que venait de faire sa
sœur. Quand elle reprenait quelque novice, si
celle-ci s'accusait humblement, au lieu de s'excuser, cette bonne mère lui disait aussitôt : « Ne
» vous troublez pas, ma fille; à votre place,
» j'aurais fait plus mal encore. » Ou bien elle lui
expliquait comment elle faisait de telles et même
de plus fortes gaucheries. Voyait-elle faire à une
autre quelque acte de vertu, elle s'humiliait en
disant : « Je suis incapable de faire des choses
» semblables. » Par un effet de son zèle pour la
gloire de Dieu, elle corrigeait sévèrement les
moindres défauts, ou bien elle menaçait de les
porter aux oreilles de la mère prieure. Mais si
alors quelque sœur, même converse, lui disait
que cette sévérité ne ferait pas de bien, elle se
soumettait aussitôt et s'humiliait, en disant :
« Vous avez raison; je me suis trompée. » Et
elle se tranquillisait.

Elle fuyait, autant que possible, la conversation des grands, se disant indigne d'être connue
de telles gens, et même d'être nommée sur la
terre. Un jour donc que la duchesse de Bracciano
la faisait demander à la grille, pour s'entretenir
avec elle, elle dit à la portière qui venait la chercher : « Oh! si la duchesse de Bracciano savait
» que la sœur Marie-Magdeleine est l'abomina-
» tion du monastère, au lieu de la faire appeler,

» elle n'aurait garde de prononcer seulement
» son nom. » Une autre fois, ayant reçu l'ordre
d'aller au parloir, pour recevoir la sérénissime
duchesse de Mantoue, elle se mit à pleurer amèrement, et répondit à celles qui essayaient de la
consoler : « Je ne sais pourquoi on m'oblige à
» traiter avec de semblables personnes ; ne suis-
» je pas religieuse comme les autres? » La sérénissime princesse Marie de Médicis, avant de devenir reine de France, lui écrivit pour obtenir
d'elle des enseignements et des conseils spirituels.
Cette lettre l'affligea profondément, et lui fit répandre beaucoup de larmes : et parce qu'elle
voyait que sa mère prieure désirait qu'elle y ré-
pondît, elle lui dit : « Ma mère, vous voulez
» donc qu'on me traite comme une sainte, et
» que j'aille en enfer pour mon orgueil? mais
» quand je serai tombée dans cet abîme, ces
» grandes princesses viendront-elles m'en reti-
» rer? » Un peu plus tard, la même princesse
ayant écrit pour lui annoncer sa visite, la sainte
lui répondit, pour la supplier de n'en rien faire,
promettant d'ailleurs de ne point l'oublier devant Dieu. Choisie pour reine de France, et
devant quitter Florence le lendemain, elle demanda à Magdeleine une dernière entrevue. Cette
sainte mère, ne pouvant éviter cette visite, exigea au moins qu'elle entrât seule, ce qu'elle fit

en effet, comme nous l'avons vu précédemment.

Elle était heureuse, au contraire, quand on la mettait en rapport avec les pauvres et les gens d'une condition infime. Aussi ne la vit-on jamais pleurer, ni s'excuser en pareil cas. Mais ce n'était pas seulement dans ces occasions qu'éclatait son humilité. Elle se manifestait dans tout le reste de sa conduite. Se regardant comme la personne la plus vile du monastère, elle choisissait de préférence ce qu'il y avait de plus vil dans la nourriture, le vêtement et les emplois. Elle recueillait dans une écuelle dégoûtante, qui servait d'ordinaire à une sœur infirme, les restes de ses sœurs, et les mangeait le lendemain avec un appétit extraordinaire. On la voyait toujours vêtue de la plus mauvaise robe de la maison. Ses laboratoires de prédilection étaient le lavoir, le four et la cuisine ; et lorsqu'elle y avait fait son travail, elle ne manquait jamais de demander pardon à la sœur qui présidait à chacun de ces offices de ses maladresses et de ses gaucheries. Du reste, sa présence à la cuisine n'était pas inutile au monastère. Cette maison étant alors fort pauvre, n'avait pas toujours les provisions nécessaires à la communauté. Or, quand la sœur cuisinière n'avait pas ce qu'il lui fallait, elle s'adressait à la mère Magdeleine et la priait d'obtenir de Jésus la multiplication nécessaire au besoin général : « Ayez

» confiance, ma sœur, lui répondait la sainte
» mère. » Ensuite, quand venait la distribution
des aliments, cette sœur voyait avec étonnement
qu'ils abondaient au lieu de suffire. Ainsi, pour
citer un fait, dans l'année 1587, il arriva qu'un
jour il n'y avait pas dans la maison la moitié des
aliments nécessaires au dîner des religieuses, et le
temps était si mauvais qu'il n'y avait pas moyen
de rien envoyer chercher au dehors. La dépensière, dans cette extrémité, eut recours aux prières
de la sœur Magdeleine. Celle-ci, qui ne voulait
pas avoir un miracle sur la conscience, dit à la
cuisinière : « Ma sœur, récitons chacune un *Pater*
» et un *Ave* en l'honneur de nos anges gardiens,
» afin qu'ils inspirent au père de ma sœur Paci-
» fique de Tonaglia de nous envoyer ce qui nous
» est indispensable. » Or, une heure après, on
vit arriver, malgré la tempête, un domestique de
ce seigneur, qui apportait les provisions dont on
avait besoin.

Que ne pourrais-je pas ajouter en confirmation
de l'admirable humilité de notre sainte ? Mais
il suffira de dire qu'elle était un si brillant miroir de l'abnégation et du mépris de soi-même,
que son seul aspect faisait naître ce sentiment
dans les cœurs. J'ajouterai qu'elle laissa par
écrit certains actes d'humilité, qui lui avaient
été enseignés dans un ravissement, et qu'elle

produisait fréquemment dans la forme suivante :

1. J'irai me présenter au sacré chœur des Anges, pour les prier d'offrir devant le trône de la très-sainte Trinité le précieux sang du Verbe, et demander l'esprit de la véritable humilité. Et toi, mon âme, tu t'humilieras au point de te considérer comme l'image des démons, par ton orgueil et ton ingratitude.

2. Je me transporterai devant le chœur des Archanges, et je leur adresserai les mêmes prières qu'aux premiers. Quant à toi, mon âme, désireuse d'acquérir une très-haute pureté, tu la leur demanderas en t'humiliant jusqu'à te croire indigne de servir Dieu dans la chasteté et de recevoir un jour l'auréole des vierges.

3. J'irai trouver ensuite le chœur des Principautés pour leur demander une très-parfaite obéissance, non-seulement aux volontés du Créateur, mais encore à celles de toutes ses créatures, pour lui plaire. Et toi, ô mon âme ! tu t'efforceras de monter à ce haut degré d'humilité, en te reconnaissant indigne de recevoir un commandement et d'être comptée parmi les filles obéissantes.

4. J'irai de là au chœur des Puissances, et, fatiguée du honteux esclavage de mes appétits sensuels, je les prierai de m'obtenir la grâce de les réprimer en toutes manières. Et toi, ô mon âme ! tu t'efforceras de t'humilier au point de te croire in-

digne d'appartenir à ce monastère, d'unir tes louanges à celles des épouses de Jésus, et de recevoir avec joie tous les opprobres et les mépris que tu mérites.

5. Je monterai au chœur des Vertus, et je leur demanderai avec toute la ferveur possible la fermeté, la stabilité et la constance dans le bien. Et toi, ô mon âme! privée de toute vertu, tu te reconnaîtras indigne de toute grâce et de tout don céleste, indigne même de servir le prochain par les œuvres de la charité et d'avoir part aux prières des fidèles.

6. Je m'élèverai jusqu'au chœur des Dominations, pour en obtenir un parfait empire sur mes passions et le détachement de tout ce qui est terrestre. Et toi, ô mon âme! tu t'abaisseras jusqu'à te réputer indigne d'acquérir la pauvreté d'esprit et quelqu'autre vertu que ce soit.

7. Je recourrai au chœur des Trônes pour les prier de me remettre entre les bras du Verbe incarné. Et toi, ô mon âme! plus humiliée que jamais, tu te proclameras indigne, comme tu l'es en effet, de l'union admirable que ton Époux contracte si souvent avec toi dans la participation au très-saint Sacrement.

8. Je m'approcherai des Chérubins pour les prier de m'obtenir la lumière qui me fasse reconnaître la sainte volonté de Dieu, ses secrètes

inspirations et mes funestes résistances. Et toi, ô mon âme ! tu te confesseras indigne de toute lumière céleste, indigne d'être protégée par la bonté de Dieu, mais très-digne, au contraire, par tes infidélités continuelles, d'être plongée dans les ténèbres et de devenir le jouet de toutes les illusions.

9. J'aurais l'audace de monter jusqu'au chœur des Séraphins pour demander deux grâces incomparables : la première, qu'ils me présentent au cœur très-doux, très-compatissant et très-amoureux du Verbe incarné ; la seconde, qu'ils m'obtiennent une abondante communication des flammes de ce pur amour qui les consume eux-mêmes. Et toi, ô mon âme ! tu admireras, avec une incomparable confusion, comment Dieu ne t'a pas plongée dans l'enfer, pour dissoudre enfin les glaces de ton cœur que le feu de son amour n'a jamais pu fondre. Ensuite, te recueillant dans le centre de ta bassesse et de ton néant, tu te reconnaîtras seule indigne de partager avec les autres créatures, les soins de sa providence et l'amitié qu'il a pour tous ses enfants. Enfin, saisie d'horreur, au souvenir de ta conduite abominable, tu conjureras la divine miséricorde, par l'intercession de ces très-purs et très-amoureux esprits, de purifier ton cœur, non avec un charbon de feu, comme il purifia les lèvres du prophète

Isaïe, mais avec les flammes de la tribulation, jusqu'à ce que, délivrée de cette rouille impure qui te déshonore, tu mérites d'être embrasée des feux du très-pur amour.

CHAPITRE XXII.

———— —

HOMME possède trois sortes de biens
naturels, dont les religieux se dé-
pouillent dans leur profession pour
l'amour de Dieu ; ce sont les biens extérieurs auxquels ils renoncent par le vœu
de pauvreté ; les plaisirs des sens qu'ils s'inter-
disent par le vœu de chasteté ; les biens de l'esprit qu'ils abdiquent par le vœu d'obéissance. Or,
parce que ces derniers biens, parmi lesquels la
volonté, qui rend l'homme maître de ses actions
et de l'usage des autres biens, est le principal,
sont beaucoup plus excellents que les biens extérieurs et corporels, l'obéissance qui en découle,

est regardée comme la première de toutes les vertus morales. Or, on peut dire que notre sainte a excellé dans cette vertu; car non-seulement elle accomplit constamment, autant qu'elle vécut, les commandements de Dieu et ceux de son Église, mais encore ceux des personnes à qui la Providence donna sur elle quelque autorité. Elle ne laissa rien à désirer à ses parents, sous ce rapport, tant qu'elle vécut sous le toit paternel. Ensuite, placée dans le monastère de Saint-Jean, pour son éducation, jamais il ne lui arriva de désobéir à ses maîtresses. Non contente d'accomplir leurs ordres, elle satisfaisait jusqu'à leurs désirs; mais ce fut surtout dans la religion qu'on put juger de la perfection de son obéissance. Accoutumée à considérer Jésus-Christ dans la personne de ses supérieures, jamais elle ne tenta de plier leurs volontés à la sienne, comme il n'arrive que trop aux religieuses imparfaites. Jamais elle n'obéit à contre-cœur et en raisonnant intérieurement. Elle n'aurait pas cru, disait-elle, accomplir l'obéissance, si elle n'avait commencé par soumettre son esprit au commandement, et elle en usait ainsi dans les choses les plus contraires à ses lumières naturelles.

Cette vertu avait sur elle un tel empire, qu'elle n'aurait pas fait ce que Dieu lui commandait dans ses ravissements, sans l'agrément de ses supérieures. Je citerai quelques exemples à ce sujet. Le 21 mai de l'année 1585, étant en extase, Dieu lui fit connaître qu'il exigeait d'elle une manière de vivre singulière, ne mangeant que du pain et ne buvant que de l'eau, si ce n'est dans les jours de fêtes et de dimanches, où il lui permettait de se conformer à la communauté. Magdeleine, qui se défiait de la singularité de cet ordre, ne se pressa pas d'y satisfaire. Le jeudi suivant, tandis qu'elle récitait son office, Dieu l'appela de nouveau, et lui dit : « Je veux que tu fasses ce » que je t'ai commandé. » Elle ne le fit pourtant pas encore. Le lendemain, tandis qu'elle travaillait avec ses novices, Dieu l'appela pour la troisième fois, et lui dit : « Demain, tu ne man-» geras que du pain et ne boiras que de l'eau. Si » tu ne m'obéis pas, je détournerai de toi les yeux » de ma tendresse; si tu m'obéis, au contraire, » tu seras pour moi un objet de complaisance, » comme tu l'as été jusqu'à présent; mais si tu » veux que cette mortification me soit très-agréa-» ble, fais en sorte qu'elle soit pleinement volon-» taire. » Après trois injonctions si claires, elle ne pouvait douter, et ne douta pas en effet de la volonté de Dieu. Cependant, avant de s'y soumettre, elle fut raconter la chose à la mère prieure et à son confesseur. L'un et l'autre, craignant qu'il n'y eût de l'illusion dans cette singularité, lui commandèrent de continuer à vivre comme les autres, persuadés que si Dieu voulait d'elle autre chose, il manifesterait sa volonté par quelque indice certain, ce qu'il fit en effet. Au dîner du lendemain, la mère prieure lui ayant fait servir sa portion accoutumée, elle voulut la manger, pour satisfaire à l'obéissance ; mais elle n'y put réussir. Elle eut beau faire les efforts les plus violents pour avaler la première bouchée, toutes ses tentatives furent inutiles. Les supérieures voulurent qu'elle continuât ces essais pendant plusieurs jours ; mais ce fut infructueusement. Le confesseur et la mère prieure reconnurent alors la volonté de Dieu et lui permirent de s'y conformer.

Le 5 juillet de l'année 1587, après avoir servi la communauté à table, elle se rendit au dortoir du noviciat pour prier. Aussitôt elle fut ravie en extase. Après une courte conversation avec Dieu, elle se leva, ôta ses bas et ses souliers, courut au garde-meuble, y prit la plus mauvaise robe qu'elle put rencontrer et s'en revêtit avec promptitude. De là, montant à sa cellule, elle vida son lit, n'y laissant que la paillasse, et la cellule elle-même de tout ce qu'elle y trouva, à l'exception d'un crucifix. Elle porta cette dépouille à sa mère prieure, et descendant bien vite à la chapelle, elle monta à l'autel de Marie et plaça entre les mains de cette divine mère un billet ainsi conçu :

« Je, sœur Marie-Magdeleine, fais profession et
» promets à Dieu, à sa très-pure Mère, la
» vierge Marie, à sainte Catherine de Sienne,
» à saint François le Séraphique et à toute la
» cour céleste, d'observer la pauvreté, de la ma-
» nière que Dieu me l'a fait voir et comprendre,
» avec le ferme propos de ne jamais l'abandon-
» ner, à moins qu'il ne me fasse connaître que
» je dois la quitter, comme il me fait connaître
» en ce moment qu'il veut que je l'observe.
» Pleine de confiance en votre secours et votre
» miséricorde, ô Marie ! je remets cette profes-
» sion entre les mains de votre pureté. » Elle
retourna ensuite trouver sa mère prieure, et se
jetant à ses pieds, la conjura de trouver bon
qu'elle observât ce genre de vie que le Seigneur
lui avait dicté. Cette mère répondit avec sagesse
qu'elle devait, avant tout, consulter son confesseur et faire ce qu'il lui dirait. Le confesseur,
après avoir pris connaissance de toute cette affaire,
voulut d'abord mettre à l'épreuve son obéissance.
En conséquence, il lui commanda de remettre sa
toilette et le mobilier de sa cellule dans l'état où
ils étaient auparavant. Magdeleine obéit sans ré-
pliquer, et, persuadée par le jugement de son
confesseur, que tout ce qui lui était arrivé n'était
qu'une tromperie du démon, elle répandit des
larmes abondantes ; mais le lendemain, dans sa

communion, Jésus, pour la consoler, lui fit connaître que son père spirituel avait seulement voulu l'éprouver, et que son obéissance lui était fort agréable. A ces mots, qui firent renaître sa ferveur pour la pauvreté, elle courut au vestiaire, reprit sa mauvaise robe et quitta sa chaussure : puis, levant les yeux au ciel, elle dit à Jésus : « Maintenant que je suis avec vous, je vous obéi- » rai, et puis, quand je serai en bas, j'obéirai » au Père de mon ami. » La mère prieure, qui l'avait suivie, la trouvant dans cet état, lui dit : « Ma fille, donnez-moi cette robe par obéis- » sance, et ne la reprenez pas davantage. » Magdeleine, malgré son état extatique, se dépouilla sur-le-champ et reprit sa robe accoutumée.

Le 7 août suivant, Jésus, qui voulait absolument de son épouse bien-aimée cette pauvreté extraordinaire, lui inspira d'aller demander de nouveau l'approbation de son confesseur. Elle fut aussitôt le trouver et lui tint ce langage : « O père ! » que mon Époux m'a donné pour la garde de » mon âme, je vous supplie, de sa part, de me » permettre de porter cette mauvaise robe et de » marcher déchaussée. Croyez-moi, mon très- » bon père ; ce n'est pas ma volonté que je veux » suivre, mais celle de mon Jésus, qui me de- » mande cette pauvreté. » Le confesseur, vou-

lant avoir des signes plus certains de la volonté de
Dieu, lui défendit de nouveau cette singularité et
lui dit de vivre comme les autres. A ce moment,
elle éprouva une telle douleur aux pieds, que ne
pouvant plus se soutenir, elle tomba par terre.
La mère prieure accourut, et lui dit de se faire
violence et de marcher; mais elle ne put le faire
que sur les genoux et les mains, et il fallut la
porter à la table sainte. Après la communion, sa
douleur devint si violente que la mère prieure en
fut touchée de compassion. Elle fut conférer avec
le confesseur, et revenant ensuite, elle dit à
Magdeleine : « Ma fille, si vous croyez sagement
» que ce soit le bon esprit qui vous conduise,
» quittez votre chaussure, le père spirituel y
» consent. » O merveille ! aussitôt qu'elle eut
ôté ses bas et ses souliers, la douleur ne se fit plus
sentir, et elle marcha avec autant de facilité qu'à
l'ordinaire, ce dont elle fut rendre grâce sur-le-
champ à la divine Marie.

Une chose remarquable est que, dans ses extases, elle se rappelait parfaitement les diverses
choses qui lui avaient été prescrites, et s'empressait de les exécuter. Ainsi, par exemple, son confesseur l'ayant vue grimper, comme nous l'avons
dit, sur la corniche de l'église, éprouva une telle
frayeur, qu'il lui défendit d'y monter désormais,
du moins sans le secours d'une échelle. Quelques

jours après, s'étant sentie portée à y monter de nouveau pour embrasser le crucifix, elle fit quelques pas en haut, puis redescendit, et regardant le crucifix elle lui dit avec une simplicité touchante : « Attendez, mon Jésus ! Il me faut un » instrument. » Elle courut au jardin, en revint avec une échelle, et fit son ascension de la manière qui lui avait été commandée. Lorsque l'archevêque de Florence, qui fut depuis le pape Léon V, vint au monastère, pour l'élection d'une prieure, ayant entendu dire qu'elle n'avait fait que trois repas en quinze jours, il lui défendit de passer désormais plus de vingt-quatre heures sans rien prendre. Elle s'en souvint si bien, que six mois après, dans une extase qui durait depuis dix-huit heures, elle dit à Jésus : « Abrégez le » temps, ô Verbe ! à cause de l'obéissance. » Elle revint en effet avant l'expiration des vingt-quatre heures, et prit un peu de pain et d'eau. Si la mère prieure lui commandait quelque chose, pendant ses ravissements, quoique insensible à toute autre chose, elle l'entendait et exécutait sa volonté. Un jour de l'Assomption de la très-sainte Vierge, étant élevée à une haute contemplation, elle revint à la voix de sa mère, qui l'envoyait servir à table, remplit son ministère, et retourna ensuite à sa contemplation.

Cette sainte mère faisait tant de cas du mérite

de l'obéissance, que, non contente d'être soumise à ses supérieures, elle obéissait volontiers à ses égales. Ainsi, par exemple, elle n'aurait pas fait une action, même prescrite par la règle, sans en demander la permission à la mère Marie-Pacifique de Tonaglia. Lorsque cette sœur était absente, elle s'adressait à une autre, et même à ses inférieures, quand ses sœurs venaient à lui manquer. Un jour où elle n'avait pu trouver l'occasion de soumettre sa volonté à celle de quelque autre personne lui paraissait un jour perdu. Lorsque dans ses maladies, insatiable de souffrances, elle ne voulait pas prendre une nourriture plus délicate, ou quelque médicament capable de la rafraîchir ou de la soulager, il suffisait de prononcer le nom d'obéissance, pour obtenir aussitôt son consentement. Elle préférait les moindres œuvres faites par obéissance à celles d'une plus haute perfection, même aux contemplations les plus sublimes, auxquelles elle se serait portée d'elle-même. Aussi préférait-elle la vie cénobitique à celle que l'on mène au désert. « Quoique la vie érémitique,
» disait-elle, soit d'une perfection supérieure,
» cependant j'aime mieux vivre en communauté,
» parce que, dans nos monastères, nous trou-
» vons des occasions continuelles de mourir à
» nous-mêmes, par la mortification de notre
» propre volonté. »

On peut juger de là quel était son zèle pour faire estimer aux autres cette précieuse vertu d'obéissance. Elle en parlait sans cesse à ses sœurs, et principalement à ses novices, avec la plus touchante affection, tantôt pour leur en faire remarquer la grandeur et la perfection, tantôt pour leur faire mieux sentir combien Dieu l'avait pour agréable. Quant aux moyens de l'acquérir, elle les indiquait par ses exemples autant que par ses paroles. Elle dit un jour à une de ses filles : « Si vous désirez vous enrichir prompte- » ment et à bas bruit de beaucoup de vertus, » ne négligez pas le bon et salutaire exercice de » l'obéissance ; car je sais par expérience que » pour faire mourir la nature et vivre spirituel- » lement, il n'y a pas de moyen plus efficace » que celui-là. » Elle disait, dans une autre occasion : « La véritable obéissance ne souffre la » volonté propre en aucune chose, quelque sainte » qu'elle soit; elle est pleine de vénération pour » les supérieures; elle fait aveuglément ce qu'on » lui prescrit ; elle se plie avec simplicité, non- » seulement aux volontés des personnes qui ont » droit d'en avoir, mais encore à celles des égales » et des inférieures. L'amour-propre, au con- » traire, ne sait pas obéir, quand on lui défend » des choses qui lui semblent bonnes, comme » les pénitences et les austérités. Il se met à

» l'aise avec les supérieures; il examine ce qu'on
» lui prescrit, et n'obéit qu'aux personnes qui
» ont droit de lui commander. » Elle disait enfin
que la vertu qui a procuré tant de gloire à Jésus,
a été l'obéissance ; que s'il est élevé au plus haut
des cieux, c'est, comme l'enseigne le grand Apôtre, pour avoir été obéissant jusqu'à la mort de
la croix. Je ne saurais me résoudre à passer sous
silence quelques avertissements qu'elle a laissés
par écrit, sur cette résignation de la volonté
propre à celle de Dieu et des supérieurs.

I. Une âme peut en quelque sorte acquitter
ses dettes envers Dieu, si elle fait un entier holo-
causte d'elle-même à sa divine Majesté, se remet-
tant librement entre les mains de son bon plaisir,
quelque part qu'il le veuille, au ciel, sur la terre
ou dans les enfers (quoique Dieu ne puisse exiger
ce dernier sacrifice d'une âme juste), trouvant
enfin une égale complaisance en toutes choses,
pourvu qu'elle accomplisse cette tout aimable volonté de Dieu.

II. Une âme qui reçoit tous les jours le très-
saint Sacrement, devrait être tellement résignée
à la volonté de Dieu, et dans un état si complet
d'indifférence, qu'elle ne pût plus distinguer ce
qui est, ou ce qui n'est pas de son goût.

III. Une âme religieuse, qui désire faire de
grands progrès dans la perfection, doit être pro-

fondément persuadée que les supérieurs tiennent la place de Dieu, que tout ce qu'ils ordonnent, c'est Dieu qui l'ordonne. Une âme ainsi affectée, ajoutait-elle, profitera grandement dans les vertus solides, et obtiendra de sa foi cinq fruits excellents :

1. En considération de cette foi vive, Dieu se communiquera davantage tant au supérieur qu'au sujet.

2 Tout précepte de l'obéissance sera également bien reçu, qu'il soit agréable ou désagréable.

3. Son cœur jouira d'une douce paix et d'une incroyable satisfaction.

4. Ses prières seront plus profitables à l'Église, parce que Jésus a un tel amour pour les âmes obéissantes, qu'elles ne sont pas plus promptes à le servir qu'il ne l'est à les exaucer.

5. Jésus se fera de tous ses actes d'obéissance une couronne qui l'honorera et le glorifiera comme les rois de la terre sont honorés et glorifiés par la couronne qui orne leur tête.

A cette obéissance parfaite, elle joignait un si tendre amour pour la pauvreté, qu'on l'eût prise pour un nouveau saint François d'Assise, dont elle faisait revivre la vertu chérie. Avant même d'être religieuse, elle avait coutume de dire, après le grand Apôtre : « Je méprise tous les biens du

» monde comme la poussière et les ordures,. afin
» de gagner Jésus-Christ. » Mais quels progrès
ne fit-elle pas dans cette vertu, après sa profession religieuse? Souvent on l'entendait gémir de
l'attention des supérieures à pourvoir à tous ses
besoins, et elle disait en répandant des larmes :
« Les choses s'arrangent de manière à ce que je
» mourrai certainement, sans avoir observé la
» pauvreté. » Elle se plaignait sans cesse qu'on
la traitait mieux que les autres, si bien que les
supérieures, pour ne pas trop l'affliger, la laissaient quelquefois manquer de certains adoucissements qui lui étaient réellement nécessaires, et
alors elle tressaillait de joie. Elle se réjouissait
encore plus, quand on oubliait de pourvoir à ses
besoins les plus pressants. En voici un exemple :
Un jour celle de ses sœurs qui servait à table
ayant oublié de lui donner du pain, elle se garda
bien de l'avertir, et aucune de ses voisines n'y
ayant pris garde, elle quitta la table sans avoir
dîné, mais si contente de cet oubli, qu'on voyait
sur son visage une joie extraordinaire. Sa mère
prieure lui ayant demandé la cause de cette
grande satisfaction, elle répondit avec simplicité,
que, sans manger, elle avait fait une excellente
chère. Une religieuse qui sacrifiait de si bon
cœur le nécessaire, n'avait garde d'aimer le superflu. Toute charitable qu'elle était, elle ne pou-

vait le souffrir chez les autres, et son instinct de pauvreté le lui faisait apercevoir, partout où il se trouvait. Pour son propre compte, elle faisait fréquemment la revue de sa cellule, et quand elle y trouvait quelque chose de moins nécessaire, elle s'en privait aussitôt. La mère prieure lui offrit, une fois, un morceau d'étoffe pour raccommoder sa robe, elle le reçut d'abord sans trop de réflexion; mais ensuite, s'étant convaincue qu'il ne lui était pas nécessaire, elle se fit scrupule de le garder, et le reporta sur-le-champ.

Un jour que cet amour de la pauvreté fermentait dans son cœur plus que de coutume, elle leva les yeux au ciel, en disant : « O mon Dieu ! pour
» quoi me dites-vous sans cesse qu'il faut que je
» sois pauvre pour vous plaire, puisque vous
» voyez qu'on ne me le permet pas ? Ah ! si je
» pouvais mendier mon pain de porte en porte,
» combien je serais heureuse ! Le plus grand plai
» sir que vous puissiez me faire, mon Jésus, c'est
» de m'accorder la grâce de mourir sur la croix,
» dépouillée de tout, comme vous êtes mort pour
» l'amour de moi. » Elle disait à ses sœurs dans
une rencontre : « Quelles actions de grâces ne
» devrions-nous pas rendre au Seigneur si, lors
» que nous nous rendons au réfectoire pour sou
» per, nous n'y trouvions que quelques bouchées
» de pain ; si, remontant ensuite dans nos cel-

» lules pour dormir, nos lits avaient disparu ; si ,
» nos robes étant usées, nous ne pouvions nous
» en procurer d'autres ? J'avoue, ajoutait-elle,
» que si quelqu'un me rendait ces services, je
» me croirais obligée, par reconnaissance, à
» mourir pour lui. Ah ! comprenons donc une
» bonne fois la noblesse de cette vertu. Elle est
» telle, que Dieu se donnerait lui-même pour
» récompense à qui la possède. » Il lui arrivait
quelquefois de se rendre, un crucifix à la main,
dans les lieux les plus pauvres du monastère. Là
elle se mettait à genoux sur la terre nue, levait
les yeux au ciel et disait au Seigneur : « O mon
» Jésus ! que je me trouverais heureuse si, pour
» l'amour de vous, ce corps venait à manquer
» tout à la fois de nourriture et de vêtement, et
» que l'on me donnât, pour consolation, des in-
› jures et des opprobres. Alors du moins, je me
» croirais pauvre en quelque façon. » Je n'ai
pas besoin de dire combien ce zèle de la pauvreté
la faisait croître en amour pour Jésus crucifié.

Il eût fallu voir sa pauvre cellule : une paillasse,
un crucifix et un Évangile en composaient tout
le mobilier. Encore ce crucifix lui pesait-il quelquefois sur la conscience ; si bien qu'on l'entendit
un jour qui disait à Jésus dans un ravissement :
« O Verbe incarné ! si votre image devait me
» priver de la moindre particule de gloire céleste,

» j'en ferais le sacrifice sur-le-champ. » Un jour qu'elle faisait la revue de sa cellule, y ayant trouvé deux quarterons d'épingles : « Oh ! c'est trop, » dit-elle, un seul suffit. » Et aussitôt elle porta l'autre au vestiaire. Elle préférait dans la nourriture ce qu'il y avait de plus vil, pour satisfaire ce goût de mortification ; elle demandait de temps en temps quelques restes pour une fille indigente ; et cette indigente, c'était elle-même.

D'après cette tendre affection de Magdeleine pour la pauvreté, il ne faut pas demander si elle avait soin de former ses novices à la pratique de cette vertu religieuse. C'était un de ses soins les plus habituels. Elle faisait fréquemment la revue de leurs boîtes, et ne manquait jamais d'en faire disparaître tout ce qui ressentait le luxe ou la superfluité. Une d'elles avait peint deux anges sur un papier doublé de carton. Elle lui prit cette image, parce qu'elle aperçut un peu d'or autour des draperies. Quand elle s'apercevait que quelqu'une avait du goût pour les robes neuves, elle leur en substituait de vieilles. Ayant remarqué qu'une d'entre elles ne se servait pas d'un voile qu'elle lui avait donné, elle lui en demanda la raison. Celle-ci ayant avoué franchement qu'il était trop vieux pour lui plaire, la sainte mère la reprit de manière à faire passer cette fantaisie ; puis, voulant en empêcher le retour, elle lui prescrivit, pour pénitence, de venir chaque jour, pendant un temps déterminé, lui demander pour l'amour de Dieu, en présence des novices, un voile plus vieux et plus usé. Lorsque quelqu'une se plaignait que les aliments étaient mal apprêtés, elle la reprenait avec force, en disant : « Souvenez-» vous, ma fille, que vous professez la pauvreté ; » or, les pauvres se contentent de ce qu'on leur » donne. » Elle disait encore que les religieux doivent imprimer à toutes leurs œuvres le sceau de la pauvreté, comme les grands du monde font graver leurs armes sur tout ce qui est à leur usage. Ce n'était qu'à l'égard des malades qu'elle se relâchait un peu de son amour pour cette vertu, car elle avait grand soin de fournir à tous leurs besoins ; cependant elles n'étaient point traitées comme des malades séculières. Tout ce qui était à leur usage portait l'empreinte d'une religieuse simplicité.

Dans une de ses extases, tout occupée de sa chère pauvreté, elle disait à son Jésus : « Que » ceux-là sont heureux, qui ont tout quitté pour » vous suivre ; car vous serez leur récompense, » vous qui êtes le plus riche trésor, la richesse » par excellence, l'opulence même du paradis. » Ce paradis pourtant est d'une magnificence in-» finie. Comment donc croirait-on l'acheter trop » cher par le sacrifice d'une fortune terrestre :

» s'il fallait en fournir le prix, toutes les ri-
» chesses du monde, tous les royaumes de la
» terre, n'y suffiraient pas. Cependant, pour en
» obtenir la possession, il suffit de ne rien pos-
» séder, de ne rien désirer, de ne rien vouloir
» que Dieu ; le Seigneur est la portion de mon
» héritage, encore ne le veux-je que pour lui
» seul. O sublime ! ô riche pauvreté ! ceux qui
» sont vraiment pauvres ont dans leurs mains de
» quoi payer ce royaume sans prix. Toutes les
» richesses qu'il renferme, c'est la pauvreté qui
» les achète. Plus une âme est pauvre et plus
» elle est en état d'acquérir le paradis. Oh ! qui
» donc n'aimera cette pauvreté en considération
» de laquelle Dieu nous comble de tant de biens,
» et nous en réserve de plus riches encore. Bien-
» heureux les pauvres d'esprit, parce que le
» royaume des cieux leur appartient. Que vos ta-
» bernacles sont aimables, ô Dieu de vertus !
» Mon âme s'épuise en désirs d'y prendre place ;
» mes désirs me donnent faim de votre pauvreté,
» puisque c'est le chemin qui doit m'y conduire,
» puisque vous avez décrété que je n'obtiendrai
» votre royaume qu'à ce prix. »

Entendant dire un jour que quelques religieux
se glorifiaient de la pauvreté de leur monastère,
tout en se plaignant des privations que cette pauvreté leur imposait, elle dit en soupirant : « O

» aveuglement des créatures! ô esprit religieux,
» que vous êtes peu connu! ô misère vraiment
» lamentable, de couvrir ainsi le vice du manteau
» de la vertu! Ils se persuadent, ces religieux
» abusés, trouver de grands mérites dans leur
» pauvreté, et ils n'y trouveront que leur dam-
» nation éternelle, pour avoir conservé, au milieu
» des privations de l'indigence, un esprit de pro-
» priété. » Elle avait coutume de dire que le salut d'une religieuse est certain, quoiqu'il ne lui
manque rien dans le vêtement et la nourriture,
pourvu que ce soient les supérieurs qui fournissent
à ses besoins, et qu'elle ne désire rien de plus.
Elle disait, au contraire, qu'on peut regarder
comme désespéré le salut d'une religieuse, très-
pauvre en réalité, mais riche en désirs. Elle se
sert, ajoutait-elle, de sa méchante robe, comme
d'un bandeau pour s'aveugler; comme d'un bâil-
lon pour fermer la bouche à sa conscience; et
riche en affections quoique pauvre par vœu, pro-
priétaire sans rien posséder, si elle espère le ciel,
elle se trompe dans son espérance. Un jour de
dimanche, tandis qu'on chantait les vêpres dans
le chœur, Dieu lui fit voir un grand nombre
d'âmes religieuses qui tombaient dans l'abîme,
et il lui fit connaître que la cause de leur perte
était l'inobservation de leur vœu de pauvreté.
Touchée de compassion, elle proféra ces tristes

paroles : « O pauvreté ! ô pauvreté religieuse,
» que vous êtes peu connue, et mal observée!
» Oh! si vous étiez comme vous devriez l'être,
» on ne trouverait pas dans les cellules des reli-
» gieuses tant d'ornements superflus, et l'esprit
» de propriété et toutes les vanités du monde, si
» mal séantes à des personnes consacrées à Dieu,
» seraient bien vite bannis des sacrés monastères.
» O mon Jésus! combien cette maudite propriété
» défigure la beauté des âmes religieuses! Oh!
» combien de ces âmes brûleront dans les enfers,
» pour n'avoir pas estimé et aimé la sainte pau-
» vreté! »

Elle dit dans une autre occasion : « Je ne
» puis comprendre comment des religieux con-
» sacrés au Seigneur par les trois vœux solennels,
» n'observent pas entre eux la communauté de
» toutes choses, mais s'efforcent de renverser,
» par leur vie de propriétaires, ce bel ordre que
» Dieu avait établi dans leurs communautés. O
» maudite propriété! qui ne te haïrait, en voyant
» les ravages que tu fais dans les monastères? Je
» sais que tu es féconde en intentions et en ex-
» cuses; mais à quoi servent-elles? sinon à trom-
» per les faibles, en donnant au vice la couleur de
» la vertu. O mes sœurs! ajoutait-elle, j'ignore
» comment des religieux peuvent avoir la cons-
» cience en paix en gardant des bourses parti-

» culières. Cet argent qu'ils s'approprient ne
» leur appartient pas ; il appartient au monastère
» et doit être employé à en supporter les charges.
» Qui croirait que des âmes religieuses sont quel-
» quefois plus attachées à l'argent que les sécu-
» liers ! O mon Jésus ! faites-moi souffrir toutes
» sortes de tourments, pourvu que tant d'épouses,
» qui vous sont consacrées, conservent l'esprit
» et la pratique de la vie commune ; car je vois
› avec une profonde douleur que plusieurs d'entre
» elles tombent dans les enfers. O vrais religieux,
» que vous êtes heureux ! oh ! que Dieu vous ho-
» nore, lorsque, en échange de vos biens passa-
» gers, il se donne lui-même à vous pour héri-
» tage ! O riche pauvreté, qui les rend posses-
» seurs du souverain bien ! Je dis, au contraire,
» malheur à ces religieux propriétaires qui re-
» tiennent quelque chose du monastère pour leur
» intérêt privé. Ils renoncent à la portion de leur
» héritage, qui est Dieu, en voulant posséder
» quelque chose hors de lui, contrairement à la
» promesse qu'ils lui ont faite. Plaise à Dieu,
» qu'à l'heure de la mort, quand Jésus entrera
» en jugement avec eux, il ne les renonce pas à
» son tour, et ne les bannisse pas à jamais de sa
» présence. O religieux misérables ! qu'il est
» triste votre aveuglement ! ô simplicité, ô pau-
» vreté devenues trop rares dans les monastères !

» Dieu sait si, au jour du jugement, cet aveu-
» glement trouvera quelque excuse aux yeux de
» justice ; justice clairvoyante, qui peut-être
» apercevra des taches jusque dans nos vertus. »

Pendant un ravissement, la sainte mère vit l'âme d'une religieuse qui était morte en odeur de sainteté, parce qu'elle avait effectivement tenu jusqu'à la fin une conduite très-louable ; elle la vit, dis-je, environnée d'une gloire si éclatante, qu'elle ne pouvait se rassasier de contempler sa beauté ; mais ayant, par hasard, porté les yeux sur ses mains, elle s'aperçut qu'elles avaient leur couleur naturelle sans aucun reflet de la lumière céleste. Étonnée de cette privation, elle désira en connaître la cause, et il lui fut dit que Dieu avait privé ses mains de leur part de gloire, parce que, pendant sa vie religieuse, elle avait fait de petits présents à des personnes séculières, sans en de-mander la permission. Hélas ! s'écria-t-elle, combien le moindre défaut, en fait de pauvreté religieuse, déplaît donc à Dieu, puisqu'il punit une faute si légère par une privation éternelle ! Mais brisons ici ; c'en est assez sur cette vertu.

CHAPITRE XXIII.

L'angélique chasteté de Magdeleine, et les moyens qu'elle
employait pour la conserver.

————

AGDELEINE, après avoir fait vœu de
chasteté dès l'âge de dix ans, et
l'avoir renouvelé solennellement au
jour de sa profession religieuse, fut
si fidèle à garder ce saint engagement, qu'elle put
dire à sa dernière heure : « Je ne crois pas avoir
» jamais blessé cette délicate vertu, et je ne sais
» pas même quels sont les péchés qui la bles-
» sent. » Or, cette innocence et cette sainte
ignorance furent d'autant plus admirables que,
pendant les deux premières années de sa terrible
épreuve, le démon ne manqua pas de livrer à ses
sens de violents assauts, comme nous l'avons vu

précédemment. Comment ces tentations ne lui donnèrent-elles pas du moins quelque connaissance du mal auquel elles invitent? C'est ce que Dieu permit qu'elle expliquât elle-même, le jour de sa mort. « Lorsque j'éprouvai, dit-elle, ces
» humiliantes tentations, je vis que j'avais affaire
» à un ennemi brûlant, car je sentais comme un
» feu qui s'allumait dans mes entrailles : mais
» qu'est-ce que le démon prétendait par là? c'est
» ce que je n'ai jamais compris. Tout ce que je
» sais, c'est que mon esprit, peu accoutumé aux
» choses sensibles, et continuellement occupé de
» Dieu, arrêtait ce déréglement avec autant de
» promptitude que de force. » Son humilité, sans doute, lui fit taire alors ses combats glorieux dans ces tentations périlleuses, et la récompense qu'elle reçut de l'auguste Marie; mais elle fut obligée, dans le temps même, de confier ce secret à l'obéissance, et son premier historien l'a dévoilé à la postérité. Voici les faits tels qu'il les raconte.

Le 8 septembre de l'année 1587, les démons ne cessèrent de lui apparaître, depuis le matin jusqu'au soir, et de la fatiguer par la vue des objets les plus dégoûtants et les sensations les plus séduisantes. Au plus fort du combat, s'étant souvenue de ce qu'avait fait saint Benoît en pareille circonstance, elle voulut l'imiter. En conséquence, étant allée dans un petit bois attenant au jardin, elle s'y renferma seule, assembla des orties, des ronces et des épines, et s'en fit un lit, sur lequel elle se roula, jusqu'à ce que la douleur eût émoussé l'aiguillon de la chair, et que son sang eût éteint cette flamme infernale. La tentation étant revenue, elle se flagella avec des chaînettes de fer; le démon étant encore revenu à la charge, elle se fit un vêtement d'un rude canevas parsemé de pointes aiguës qu'elle s'appliqua ensuite avec tant de violence que sa chair en fut bientôt percée et ensanglantée. Sa maîtresse lui ayant ôté ce terrible instrument de mortification, avec défense d'employer désormais des moyens semblables, et cette horrible tentation se reproduisant toujours, elle fut se jeter aux pieds de la divine Marie, la conjurant avec une grande abondance de larmes de terminer cette guerre sans aucun dommage pour sa virginité. Ce fut le 17 septembre qu'elle recourut à ce moyen protecteur, et elle reconnut sur-le-champ son efficacité. La Reine des cieux lui apparut environnée de gloire, l'assurant que dans ces tentations si dangereuses elle n'avait nullement offensé la divine Majesté, qu'au contraire son courage l'avait rendue victorieuse de ce démon-là pour toujours. Ensuite elle la couvrit d'un voile d'une éblouissante blancheur qui apaisa sur-le-champ les révoltes de la concupiscence, et lui donna comme un pressentiment qu'elle n'aurait plus désormais à essuyer de semblables assauts, ce qui se vérifia à la lettre; car, depuis ce moment jusqu'à sa mort, non-seulement sa chair ne se révolta plus contre son esprit, mais elle ne fut jamais fatiguée par aucune imagination impure.

Tous ceux qui l'ont connue ont rendu témoignage à sa modestie virginale, et ses historiens en ont fait un éloge vraiment ravissant. Elle ressemblait moins, nous disent-ils, à une femme qu'à un esprit angélique. Son aspect, ses gestes, sa démarche ne respiraient que la pureté. Lorsqu'elle parlait de cette aimable vertu, elle en inspirait l'amour à tous ceux qui avaient le bonheur de l'entendre. Mais qui pourrait rendre les sentiments qu'elle en avait. « Vous seul, ô mon Dieu! » disait-elle, avez été le principe de toutes mes » délectations. Je n'en ai jamais éprouvé d'au- » tres, vous le savez, mon Jésus, mon cœur n'a » jamais eu de désirs que pour vous seul. » On la voyait quelquefois baiser tendrement les murs du monastère, et lorsque ses sœurs étonnées lui demandaient la cause de ces démonstrations de tendresse, elle répondait : « N'ai-je pas raison » d'aimer ces murs protecteurs qui me mettent » à l'abri de la corruption du monde, et me » conservent ce précieux trésor qui est pour moi

» un foyer d'amour divin. Ah ! disait-elle en-
» core, si les personnes séculières pouvaient com-
» prendre quelles sont les délices que Dieu ré-
» serve, dans la vie future, à ceux qui gardent
» la virginité jusqu'à la mort, on les verrait cou-
» rir comme des cerfs altérés aux eaux pures des
» monastères, et s'y renfermer de grand cœur,
» pour y conserver leur intégrité. » Son corps
virginal exhalait je ne sais quelle odeur délicieuse
qui ne ressemblait à aucun parfum connu, et dont
tous les lieux où elle passait étaient embaumés.
On remarqua, par exemple, dans les trois dernières années de sa vie, que le lit de l'infirmerie
où elle était couchée, qui, avant qu'elle l'oc-
cupât, répandait une odeur désagréable, ne cessa
d'exhaler une odeur d'une incomparable suavité,
comme si on l'eût aspergé chaque jour de quelques eaux de senteur, **ou** couvert de précieux
aromates. Plusieurs **de** ses sœurs éprouvèrent
qu'elles étaient toutes troublées en sa présence
et extrêmement honteuses, lorsqu'il leur était
échappé la moindre petite faute contre la modestie. Aussi avaient-elles grand soin d'examiner
leur conscience, avant de paraître devant elle.
Si ce péché était mal à l'aise avec elle, elle était
encore plus mal à l'aise avec lui. Qui dira combien elle avait à souffrir, lorsqu'elle avait à traiter avec des personnes qui n'étaient pas pures.

La grille ne lui fut jamais agréable; mais lorsqu'elle y était appelée par des personnes de cette sorte, elle ne s'y rendait qu'avec une répugnance infinie. Si sa présence tourmentait les personnes coupables, elle portait au contraire la joie et la consolation dans les âmes tentées et affligées. Toutes leurs craintes s'évanouissaient auprès d'elle, et plusieurs ont attesté que, dans les moments de tentations les plus pénibles, il leur avait suffi de toucher légèrement sa robe pour en être délivrées. D'autres ont déposé qu'il leur suffisait, pour éprouver les mêmes effets, d'entrer dans l'appartement où se trouvait cette sainte fille. D'autres, enfin, ont assuré qu'un regard jeté sur elle, une simple pensée qui l'avait pour objet, produisait en elles, en semblable circonstance, un changement merveilleux. Leur trouble se dissipait, la joie renaissait dans leurs cœurs, et aux sales impressions de cette passion fougueuse succédaient, sans intervalle, les pensées chastes et les pieuses affections.

Du reste, que des personnes religieuses, qui la regardaient comme une sainte, qui connaissaient l'extrême pureté de son cœur, qui étaient témoins de sa constante et étroite union avec celui qui est la pureté même, sentissent leurs passions se calmer auprès d'elle, il n'y a pas là de quoi surprendre beaucoup; quand on sait que les bêtes des forêts perdaient en sa présence leur caractère sauvage et devenaient douces comme des agneaux. On avait envoyé de Livourne à une de ses sœurs un chevreuil vivant. Une fois introduit dans l'étable du monastère, il devint furieux, et tout le soin qu'en prirent les sœurs ne servit qu'à augmenter de plus en plus sa colère. La chose en vint au point que ces bonnes filles n'osaient plus en approcher. Ayant un jour cassé sa corde, il sortit de son étable et entra au galop en secouant ses cornes dans une cour où les religieuses étaient alors en récréation. Je n'ai pas besoin de dire quelle fut leur épouvante et leur promptitude à rentrer dans la maison. Resté maître du terrain, il le parcourait en fureur, lorsque entra la mère Marie-Magdeleine. Elle fut droit à lui; l'animal sauvage vint se coucher à ses pieds, et, apaisé tout à coup, il se laissa prendre et reconduire dans son étable, sans faire aucune résistance. Un autre jour, un porc ayant trouvé, je ne sais par quelle occasion, une porte entr'ouverte, entra dans la maison, et la porte se referma sur lui. Mécontent de se voir captif, il se mit à courir partout comme un furibond, en faisant un grand vacarme, et finit par entrer dans le réfectoire où les religieuses prenaient alors leur repas. A la vue de ce monstrueux animal, ce ne fut qu'un cr d'épouvante. Magdeleine, seule, ne montra aucun effroi ; au contraire, quittant la table, elle le prit par une oreille, et lui, devenu doux comme un mouton, se laissa conduire tranquillement à la porte et s'en fut. Ses sœurs lui ayant demandé pourquoi elle n'avait pas eu peur, elle répondit : « Parce qu'une bête n'en craint pas une autre. »

Pour revenir à notre sujet, Magdeleine ne négligeait aucune occasion d'accroître dans les cœurs l'amour de cette pureté virginale. Si elle entrait dans une récréation où l'on s'entretenait, par hasard, de cette aimable vertu, elle tressaillait d'allégresse, et disait : « Oh ! que je demeu- » rerais volontiers ici, si l'obéissance me le per- » mettait, pour prendre part à cette délicieuse » conversation. » Par suite de son attrait pour cette angélique vertu, elle avait une affection plus tendre pour les vierges, quelque imparfaites qu'elles fussent d'ailleurs, que pour les femmes mariées et les veuves, quoique plus saintes. Elle dit un jour, « que pour augmenter en elle-même cette » vertu, elle souffrirait volontiers tous les tour- » ments imaginables, désirant la porter au plus » haut point de perfection où elle puisse arriver » en cette vie. » Par suite de cette estime encore, elle rendait aux vierges, quelles qu'elles fussent, des honneurs particuliers. En voici un exemple entre plusieurs autres. Une jeune demoiselle, ré- cemment entrée dans le monastère, assistait un jour à l'office du chœur. La mère Magdeleine y entrant plus tard que les autres, fit, selon son usage, un salut profond à chacune de ses sœurs. La jeune personne crut d'abord qu'elle rendait cet honneur à leur habit religieux ; mais, quel fut son étonnement lorsque, arrivée devant elle, cette sainte mère lui fit la même révérence. Il paraît, se dit-elle à elle-même, que ce cérémonial est d'usage ici comme dans les salons. Voulant s'en assurer, elle profita de la première occasion pour interroger les novices, qui lui répondirent que l'intention de la mère était de rendre hommage à la virginité.

Malgré l'assurance positive que la sainte Vierge lui avait donnée, qu'elle conserverait toute sa vie une pureté sans tache, elle n'en usait pas moins de toutes les précautions pour la mettre à l'abri de tout danger ; ne craignant rien plus que de perdre cette perle précieuse qui devait lui donner droit, dans le paradis, de suivre partout l'agneau où il va. Or, voici les principaux moyens de conservation qu'elle mettait en usage.

Le premier était la communion quotidienne qu'elle ne manquait jamais, à moins que sa mauvaise santé n'y mît empêchement.

Le deuxième était le détachement des créatures. Elle dit, un peu avant de mourir, à ses sœurs présentes, qu'elle avait toujours eu un grand amour pour les créatures raisonnables, mais uniquement pour accomplir le grand précepte de la dilection, si fortement recommandé dans l'Évangile, et pour imiter Jésus, qui nous a tant aimés. Elle ajoutait que, hors de cette dilection, elle n'avait jamais eu d'attache à personne, et qu'elle n'aurait pas souffert que d'autres l'aimassent d'un amour désordonné. Elle dit encore que si elle s'était aperçue qu'une de ses filles lui fût trop attachée, elle aurait eu grand soin de couper le filet avec les ciseaux que l'humiliation et la mortification composent.

Le troisième moyen était une conversation toute céleste. Jamais, en effet, on ne l'entendit parler que de Dieu ou des choses spirituelles. Les discours sur le monde, et les choses du monde lui étaient tellement à charge, qu'elle ne voulait pas même que ses novices parlassent de leur patrie ni de leurs parents. Et elle disait à ce sujet, que c'est un grand défaut, dans une personne consacrée à Dieu par le vœu de chasteté, d'admettre une pensée, ou de proférer une parole étrangère à leur profession sainte. Beaucoup moins, leur eût-elle permis de parler du mariage ni de près ni de loin ; ce nom était banni de leur conversation, comme une parole scandaleuse, et aucune de ses filles ne l'eût prononcé impunément.

Le quatrième moyen était d'éviter tout contact. Jamais elle ne touchait personne, et réciproquement elle ne voulait être touchée par aucune, à moins d'une absolue nécessité. Pendant les trois dernières années de sa vie, réduite à ne pas pouvoir remuer sur son lit de douleur, il fallait que ses sœurs la tournassent d'un côté sur l'autre. Or, ce bon office alarmant sa conscience, elle leur disait : « Si vous croyez, mes sœurs, » que ce service puisse nuire à notre pureté vir- » ginale, laissez-moi comme je suis. J'endurerai » volontiers ce tourment pour une vertu si ai- » mable, et je pourrirai sur ce côté. »

Le cinquième moyen était la fuite des entretiens avec les séculiers. Elle fuyait le parloir, autant qu'il lui était possible, parce qu'elle n'y rencontrait que des personnes du monde, les prêtres et les religieux étant reçus ailleurs. Quand on venait lui dire qu'elle y était attendue, elle pleurait à chaudes larmes, et il ne fallait rien moins que l'obéissance pour l'obliger à y paraître. En partant pour s'y rendre, elle ne manquait pas de dire à ses novices : « Priez pour moi, mes » chères filles, parce qu'on m'appelle au par- » loir. » Elle ne manquait pas encore de recommander à quelque sœur de sonner son appel le plus promptement possible. Elle disait encore qu'elle eût mieux aimé passer ce temps dans le purgatoire, qu'à la grille avec des séculiers. Enfin, elle avait une telle horreur de ce lieu, qu'elle éprouvait de la répugnance à y passer, même lorsqu'il n'y avait personne. « C'est là, disait-elle » quelquefois, que nous allons chercher l'inquié- » tude, le trouble et les tentations. » Elle l'appelait communément la chambre des distractions. Quand on nommait devant elle ce locutorium (c'est le nom propre à Florence), elle répondait : « Ne l'appelez pas locutorium, mes sœurs ; ap- » pelez-le plutôt purgatorium. » Voilà, en effet, ce qu'est le parloir pour de vraies religieuses contemplatives ; parce que plus elles ont de rapport avec les gens du siècle, et moins elles sont dans leur état. Leur ministère pour le salut du prochain est renfermé dans la prière ; aussi souffrent-elles lorsqu'on leur demande d'autres services que celui-là. Elle exhortait donc toutes ses sœurs à redouter ce locutoire, en leur disant : « Sou- » venez-vous, mes sœurs, que vous êtes consa- » crées à Dieu. Or, jamais une religieuse ne re- » vient de la grille, qu'elle n'ait besoin d'em- » ployer beaucoup de temps pour recouvrer la » paix intérieure dont elle jouissait auparavant : » et pendant ce temps-là que devient son union » avec Dieu? En outre, le saint commerce que » ses épouses ont avec lui, exige une pureté » parfaite. Or, les discours des séculiers jettent

» toujours dans le cœur un peu de poussière
» mondaine, et l'air qu'ils respirent n'est pas sa-
» lutaire au lis de la chasteté. » Lorsqu'elle voyait
quelqu'une de ses filles aller à la grille avec un
visage réjoui, elle lui disait : « Il paraît bien, ma
» sœur, que vous n'êtes pas encore entièrement
» des nôtres, car le propre des religieuses de
» Sainte-Marie est de s'affliger et non de se ré-
» jouir, quand on les appelle où vous allez. »
Du reste, elle avait peu d'occasions de faire un
pareil reproche ; car toutes ses filles détestaient
la grille ; ce qui la réjouissait beaucoup, et elle
pensait que c'était là le fruit de la communion de
chaque jour.

Le sixième moyen était le refus de tout commerce épistolaire avec les personnes séculières.
Elle n'aimait ni à écrire des lettres ni à en recevoir, disant qu'il ne convenait pas à une épouse
de Jésus-Christ d'entretenir des correspondances
avec des gens dont les lettres ne manquent jamais
de rappeler à la mémoire le souvenir des choses
mondaines. Lorsque quelqu'un lui écrivait du
dehors, pour se recommander à ses prières, la
mère prieure, qui connaissait ses répugnances à
cet égard, se gardait bien de lui remettre la lettre ;
mais elle recommandait à toute la communauté,
Magdeleine présente, de prier pour le succès de
telle affaire, ou pour une personne dans telle né-

cessité, assurée que cette sainte fille prierait avec ferveur, parce qu'elle connaissait toute son obéissance. Par cette sage conduite, elle procurait aux séculiers les biens qu'ils attendaient des prières de Magdeleine, sans la détourner de son attrait pour la vie cachée et de son application de ne plaire qu'à Dieu seul. Cette répugnance de notre sainte pour tout commerce avec les personnes du dehors, explique la rareté de ses lettres. L'on n'en connaît que deux adressées à des personnes séculières ; encore, fallût-il, pour les lui faire faire, deux commandements exprès. La première fut adressée à la reine de France, Marie de Médicis, ainsi que nous l'avons dit dans un autre chapitre. La seconde fut écrite à un de ses proches, et voici à quelle occasion. D. Louis de Capponi lui écrivit, dans une affliction, pour se recommander à ses prières. La mère prieure jugea convenable de lui remettre cette lettre, par exception. Magdeleine pria bien, comme on le lui demandait ; mais elle ne répondit point à la lettre. Ce seigneur, qui désirait ardemment quelques lignes de sa main, fut affligé de son silence. Il en témoigna sa douleur au père confesseur qui, usant de son autorité, obligea Magdeleine à lui donner cette consolation si chère. D. Louis reçut cette lettre avec une grande joie, et la conserva depuis comme une précieuse relique. Elle n'éprouvait pas cette répugnance quand il s'agissait de correspondre avec des personnes qui, comme elle, étaient consacrées à Dieu, parce que, alors, il ne s'agissait que du commun objet de leurs affections : encore mettait-elle beaucoup de réserve dans ce saint commerce, par la raison qu'il y a beaucoup plus à gagner avec le maître qu'avec les serviteurs.

Sa manière d'écrire était simple, toute spirituelle et sans aucune cérémonie. On en pourra juger par un billet que nous allons inscrire plus bas. Ce billet est une réponse à une lettre que je lui avais écrite dans l'intérêt que je vais dire. Je venais de recevoir de mes supérieurs l'ordre de me rendre à Florence, pour y prendre le gouvernement du collége. Connaissant mon incapacité et me jugeant peu propre à ce genre de ministère, ma première pensée fut que je devais faire des représentations à mon supérieur. Ensuite j'éprouvai la crainte de manquer à la perfection de l'obéissance. Dans cette incertitude, je pris le parti d'écrire à la sainte mère, pour l'engager à prier, et à me dire ce que Dieu lui ferait connaître à cet égard. Elle pria, en effet, et me fit rendre une réponse verbale. Ce n'était pas là ce que je désirais. Je lui écrivis donc de nouveau, et lui demandai une réponse écrite, que je pusse méditer tout à loisir et relire quelquefois, pour me la rendre plus utile. Cette sainte fille, complaisante comme la charité l'est toujours, m'écrivit de sa propre main le billet suivant, que je garde comme une relique et que je transcris mot à mot, afin que toutes les personnes religieuses constituées en autorité puissent en retirer le bien qu'il m'a fait à moi-même.

JÉSUS, MARIE.

« Révérend père en Jésus-Christ, pour satis-
» faire à l'obéissance que je vous dois, j'écris
» ici, en peu de mots, ce qui m'est venu à l'es-
» prit, relativement à la question que vous m'a-
» vez faite ; savoir :

» 1°. Que vous devez accepter le rectorat du
» collége par le même amour avec lequel Notre-
» Seigneur accepta sa croix.

» 2°. Que vous devrez demeurer dans cet
» emploi avec cet amour et cette tranquillité
» d'âme qui accompagnèrent Notre-Seigneur
» pendant tout le temps qu'il demeura sur la
» croix.

» 3°. Qu'il ne faut chercher dans cette charge
» que ce que Notre-Seigneur chercha sur sa croix,
» c'est-à-dire, à souffrir, à aimer, à procurer la
» gloire de son Père, à prier pour ceux qui lui
» faisaient du mal.

» Si je vous ai fait dire autre chose de vive

» voix, je ne m'en souviens plus ; vous savez que
» je n'ai nulle mémoire. Bénissez-moi, et priez
» Dieu de m'éclairer dans une affaire qui me
» donne du doute et de l'ennui. Que Jésus vous
» remplisse de son zèle. »

CHAPITRE XXIV.

De l'esprit de prière communiqué à Magdeleine, de ses
contemplations, et des faveurs qu'elle y recevait.

––––––––

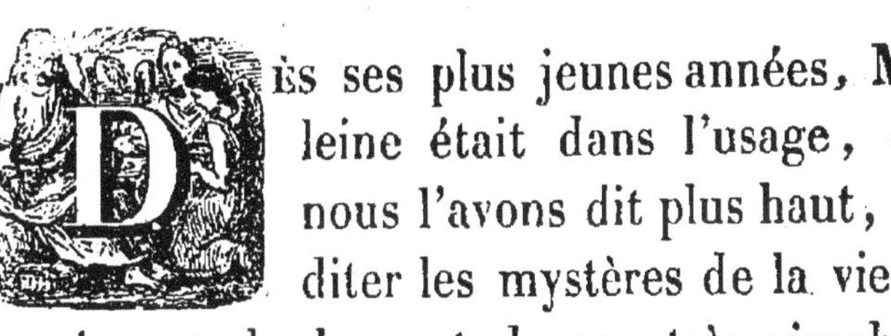ès ses plus jeunes années, Magde-
leine était dans l'usage, comme
nous l'avons dit plus haut, de méditer les mystères de la vie, de la
passion et de la mort de son très-aimable Ré-
dempteur. Or, la consolation qu'elle trouvait dans
ce saint exercice était si grande, qu'elle y revenait sans cesse et le prolongeait autant qu'elle
pouvait. Elle cherchait, pour cela, les lieux les
plus solitaires et y demeurait trois à quatre heures
en conversation avec Dieu, sans même s'apercevoir que le temps s'écoulait. Alors elle mangeait
fort peu, et sa maîtresse lui en ayant demandé la

cause, elle répondait qu'en mangeant davantage elle nuirait à son oraison, autre nourriture beaucoup plus substantielle. Il était facile de juger des fruits qu'elle retirait de ce saint commerce avec Dieu, par son éloignement des goûts frivoles ordinaires aux enfants de son âge, par la mortification de sa volonté en tout, même dans les choses les plus permises, par son désir ardent d'avancer dans la perfection, par la récollection habituelle de ses sens extérieurs et des puissances de son âme : si bien que, retirée du monde et revêtue du saint habit religieux dès l'âge de quinze ans, Dieu n'eut presque rien à faire pour l'élever au degré le plus sublime de la contemplation.

Elle avait, comme nous l'avons dit encore, une si haute estime et une si tendre dévotion pour l'office divin, qu'elle ne le manquait jamais ni le jour ni la nuit, à moins que l'obéissance ne la retînt ailleurs. Lorsque ses infirmités l'empêchaient d'y assister et de le dire elle-même, elle priait quelques-unes de ses sœurs de le réciter auprès d'elle, et les écoutait avec la plus dévote attention. Lorsqu'il était fini, elle se frappait la poitrine en disant comme le publicain : « Seigneur, soyez propice à cette pauvre pécheresse. » Voilà le langage qui me convient et je ne » mérite pas de vous dire rien de plus. » Tout le temps que lui laissaient les exercices communs et les nuits presque entières étaient employées à l'oraison, je ferais mieux de dire à la contemplation la plus sublime, jointe à des ravissements qui, dès son noviciat, furent si fréquents et si apparents, que son humilité en souffrait beaucoup. « Mon Dieu, disait-elle, que toutes ces » extases me sont à charge. La seule grâce que » je désire maintenant et que je vous demande, » c'est de n'en plus avoir, pourvu que je n'en » demeure pas moins unie à vous, au milieu de » mes travaux distrayants et de mes occupations » extérieures. » Jésus lui fit connaître un jour qu'il ne pouvait supprimer ses extases sans nuire à sa plus grande gloire et au salut du prochain, mais qu'il lui accorderait volontiers cette union perpétuelle dont ses occupations ne pourraient la distraire ; et c'est ce qu'il fit en effet peu de temps après, de la manière que je vais raconter.

Le 7 mars de l'année 1593, Magdeleine étant élevée au-dessus de ses sens et de toutes les puissances de son âme, reçut une nouvelle infusion de la force de l'Esprit-Saint, et Dieu lui fit la grâce de jouir en tout temps et en tous lieux de la lumière et de l'union dont elle jouissait dans ses extases. Or, voici comment cette faveur merveilleuse lui fut communiquée. Elle sentit un grand feu que l'Esprit-Saint allumait dans son cœur, afin qu'elle pût désormais sans interruption en continuer l'acte. Ensuite elle vit se former dans son entendement un rayon de lumière resplendissante qui lui découvrit plus clairement que jamais le Verbe incarné et les opérations des trois personnes divines. Puis elle remarqua que cette lumière se répandait comme un fleuve dans sa mémoire, pour qu'elle en conservât perpétuellement le souvenir. Elle remarqua aussi que la grâce, sous la figure d'un rasoir qui abattait tous ses cheveux, retranchait toutes ses pensées, tous ses désirs, pour en faire renaître de plus purs et de vraiment célestes. Elle entendit enfin une voix sonore qui lui disait : « Honneur et gloire à » Dieu. » D'où elle comprit que tout l'usage de ses sens serait employé désormais à procurer cet honneur et cette gloire.

Il lui parut encore que le Fils éternel de Dieu descendait de son trône et venait se placer dans son cœur, pour y demeurer toujours. Sa forme était celle d'un enfant de douze ans ; et de même qu'à cet âge il interrogea les docteurs dans le temple, non pour être instruit par eux, mais pour trouver l'occasion de les instruire, de même elle l'entendit l'interroger, c'est-à-dire l'instruire, en lui donnant la connaissance de ses voies, de ses grandeurs et de sa bonté ; ensuite il l'invita à s'interroger à son tour, c'est-à-dire à étudier attentivement ses œuvres et à discerner ses volontés, tant sur elle-même que sur les âmes qui lui étaient confiées. A mesure que ces diverses faveurs lui étaient communiquées, elle ressentait dans son corps une douleur vive qui la faisait crier à haute voix : « O Verbe ! ô Verbe ! souve- » nez-vous que je suis une créature mortelle, et » que le vase fragile de mon corps ne peut souf- » frir une telle violence sans être brisé. » Lors- que Dieu l'eut ainsi remplie de ses dons, il l'éleva spirituellement dans les airs sur les ailes de sa contemplation, et la faisant planer comme un aigle à une hauteur prodigieuse, il l'appliqua à la considération des perfections et des vérités divines, avec de telles délices et un amour si vif pour lui et les créatures capables d'entrer dans sa gloire, qu'elle eût voulu, s'il lui eût été possible, attirer toutes les âmes à le connaître et à l'aimer.

Enfin, le 10 juin 1599, Magdeleine reçut, par l'intermédiaire de saint Ange du Carmel, un don de persévérance si efficace, joint à un tel renouvellement des puissances de son âme et de ses sens extérieurs, qu'elle ne s'en servit plus dans la suite que pour l'honneur de Dieu et l'uti- lité du prochain. Lorsque ce saint descendit vers elle pour lui conférer ces grâces, il tenait à la main une sorte d'onguent précieux et odorifé- rant, dont il oignit d'abord ses yeux, puis ses oreilles, sa bouche, ses mains et ses pieds. Après

cette onction extérieure, il en vint à son âme, et
1°. il imprima sur sa volonté deux signes : l'un de
conformité à la volonté de Dieu en toutes choses,
et à celle de toutes les créatures, autant que cela
pourrait se faire sans péché ; l'autre de fermeté
telle qu'elle ne changeât jamais de visage, si ce
n'est quand elle ferait quelque correction, parce
qu'alors il suffit que le cœur n'éprouve aucune
altération.

2°. Il purifia sa mémoire par l'inscription qu'il
fit sur elle des sept avis suivants :

I. Je vous laisse ma paix, je vous donne ma
paix.

II. Mon royaume n'est pas de ce monde.

III. Ma nourriture est de faire la volonté de
celui qui m'a envoyé, de telle sorte que j'achève
son œuvre.

IV. Quiconque aura fait la volonté de mon
Père qui est dans les cieux, il est mon frère, ma
sœur et ma mère.

V. Celui qui aura scandalisé un de ces petits
qui croient en moi, il eût mieux valu qu'on lui
attachât au cou une meule de moulin et qu'on le
précipitât au fond de la mer.

VI. Mon Père, s'il est possible, que ce calice
s'éloigne de moi

VII. Mon Père, pardonnez-leur, parce qu'ils
ne savent ce qu'ils font.

3º. Ce saint plaça trois miroirs devant l'entendement de Magdeleine : le premier lui représentait la pureté de Dieu pour la fixer dans son amour ; le second, la communication que Dieu lui faisait de lui-même, afin qu'elle l'imitât, en se communiquant au prochain ; la troisième, la charité des bienheureux et celle de toutes ses mères et sœurs, afin de la disposer à s'employer tout entière à leur service.

4º. Il purifia son cœur, en y plaçant trois siéges de pierre, destinés, le premier, au repos du Verbe, accompagné du salut du prochain ; le second, au repos du Saint-Esprit, accompagné de la complaisance des bienheureux ; le troisième, au repos du Père, accompagné de son salut à elle-même. Après toutes ces opérations, saint Ange lava son âme dans le sang de Jésus, ce qui lui fit dire : « Il a lavé mon âme dans le sang de mon » Époux, afin qu'elle soit désormais blanche » comme les lis et rouge comme les roses. » Ensuite il plaça, comme dans son centre, un flambeau, afin qu'à sa lumière elle pût voir continuellement sa propre nullité et son abjection.

5º. Pour purifier son appétit concupiscible, il y inséra trois désirs, savoir : le désir du salut des âmes, non-seulement des fidèles, mais encore des infidèles ; le désir de la pauvreté ; le désir que chaque créature aime les autres comme elle-même. Enfin il purifia son intention, en lui commandant de se reposer constamment par elle à l'ombre du genevrier, arbre qui est la figure de la Passion de Jésus, parce que, comme le genevrier perce la main qui le touche, la méditation des souffrances de Jésus perce le cœur de compassion et de douleur de ses péchés. Quant à l'ombre de ce genevrier, ce n'est pas autre chose que le zèle de l'honneur de Dieu, qui fait dire : Je ne cherche point ma gloire, mais celle de mon Père qui m'a envoyé.

Malgré ces illustrations et ces instructions divines, elle n'en prenait pas moins la direction de ses pères spirituels, pour régler ses oraisons et ses contemplations, de manière à se perfectionner toujours davantage. Ainsi, par exemple, dans l'année même où elle reçut la visite de saint Ignace, elle voulut faire les exercices tracés par ce grand saint, dont elle goûtait singulièrement l'esprit, sous ma direction. Elle les fit en effet avec une grande consolation de son âme, et en comprit si bien le but et la conduite, que, depuis lors jusqu'à la fin de sa vie, c'était elle-même qui les donnait à ses sœurs, leur apprenant parfaitement à réduire en pratique les lumières et les inspirations que Dieu leur communiquait par ce précieux moyen. De là vient l'usage qu'a conservé ce vénérable monastère de faire chaque année ces

exercices spirituels qui contribuent de plus en plus
à perfectionner les religieuses dans l'esprit et la
pratique de la sainte oraison.

Venons-en aux progrès de Magdeleine dans ce
saint exercice. La contemplation est le genre
d'oraison le plus sublime auquel une âme puisse
arriver sur la terre, soit qu'elle soit passive et in-
fuse dans l'âme qui, alors, ne fait que recevoir
l'opération divine en elle-même sans y contribuer
du sien, soit qu'elle soit active et acquise par le
secours de la grâce qui s'unit au travail d'une âme
et à son industrie. La contemplation n'est pas
autre chose qu'une vue attentive et très-simple
des perfections de Dieu, des vérités et des mystères qui produisent des affections d'amour, de
gratitude, de zèle, de douleur, et mille autres
mouvements semblables, ou bien une seule im-
pression qui tient l'âme attachée à ce regard
attentif, simple et affectueux. Or, les oraisons
de ce genre, dont Dieu favorise un certain nombre d'âmes, arrivent rarement et durent peu de
temps, comme l'assure saint Bernard : *Rara
hora, brevis mora.* Il n'y a que la contemplation consommée, que les maîtres appellent le
mariage spirituel, qui soit continuelle ; telle était
celle de notre sainte. Elle ne contemplait pas
seulement pendant le temps consacré spécialement à ce saint exercice ; mais toute espèce d'ob-

jets lui servait à fixer son esprit fortement et affectueusement en Dieu, dont elle regardait dans un très-doux silence les perfections tout aimables. Assez souvent cependant, et sans s'en rendre compte, elle interrompait son silence extérieur par des paroles bien articulées qui exprimaient les sentiments et affections qui se passaient dans son âme. J'en rapporterai ici quelques exemples qui ne me semblent pas sans utilité.

Le 5 janvier de l'année 1584, en contemplant la bienheureuse Vierge tenant entre ses bras le corps inanimé de son Fils, ses divines plaies absorbèrent toute son attention, et dans le vif sentiment de compassion qu'elles lui inspiraient, on l'entendit parler de la sorte : « Les plaies de ses
» pieds, de ses mains et de son sacré côté me
» paraissent quatre fournaises ardentes (c'est-à-
» dire qu'elle voyait les deux pieds percés d'un
» seul clou). Je vois qu'on met un fer dans la
» plaie des pieds pour qu'il s'amollisse. Quand
» on veut amollir le fer pour l'employer à quel-
» que usage, on le met dans la fournaise, et le
» feu, en le pénétrant, lui ôte sa dureté. Hélas !
» les pécheurs ont une dureté semblable ; mais
» quand on les fait entrer dans la fournaise des
» pieds de Jésus, leur cœur s'amollit et se liquéfie
» tellement en larmes de douleur sur leurs pé-

» chés, qu'ils deviennent souples entre les mains
» de Dieu qui peut les appliquer désormais à tel
» usage que bon lui semble. Dans la fournaise
» de sa main gauche, je vois cuire des pierres
» qui se changent en chaux pour la construction
» d'un édifice. Ce sont les pécheurs convertis
» qui entrent dans l'Église, comme Paul et
» Magdeleine, dont la conversion a été pour elle
» d'une si grande utilité. Dans la fournaise de
» sa main droite, je vois se former du verre. Ce
» sont les vierges consacrées au Seigneur. Quoi-
» que le verre ne soit pas si utile que beaucoup
» d'autres matières d'une plus grande valeur, il
» sert néanmoins à l'ornement d'un édifice et fait
» plaisir à voir. De même, quoique les vierges
» ne procurent pas à l'Église autant d'avantages
» que les martyrs, les confesseurs et les docteurs,
» cependant on ne peut nier qu'elles soient un
» de ses plus magnifiques ornements, et que le
» Verbe divin se complaise singulièrement en
» elles. Je vois introduire des lingots d'or dans
» l'ouverture qui mène à son divin cœur. C'est-
» à-dire que tous ceux qui sont unis entre
» eux par la charité et à Dieu par une foi vive
» et amoureuse, entrent dans cette fournaise.
» Pourquoi? Il me semble que j'en découvre la
» raison. L'or, au sortir de la fournaise, est em-
» ployé à la confection de divers ornements. Il

» sert particulièrement à enchâsser les pierres
» précieuses, qui, sans cela, auraient beaucoup
» moins d'éclat et se perdraient facilement. Eh
» bien ! de même, toutes les vertus, si elles ne
» sont enchâssées dans la charité, courent risque
» de se perdre, et, d'autre part, cette divine
» charité relève beaucoup leurs charmes aux yeux
» de Dieu et les rend plus utiles à l'édification du
» prochain. »

Le 22 janvier de la même année, ayant été élevée à une très-haute contemplation du mystère de la très-sainte Trinité, elle parut saisie d'étonnement et d'admiration, et dit : « O Dieu
» incompréhensible ! que vous êtes grand ! et que
» votre bonté est ineffable ! Je vois, et que ce spec-
» tacle me plaît ! je vois entre vos trois personnes
» des relations, des communications, des in-
» fluences aussi indicibles qu'inscrutables. O Dieu
» très-admirable et éternel ! quoique immense et
» impénétrable, vous êtes aussi indiciblement
» bon, puisque, par votre bonté, vous commu-
» niquez à la créature affermie dans la connais-
» sance de son néant quelque notion de votre
» éternelle essence. Cependant, quelque admi-
» rable que soit cette communication par voie de
» connaissance, on peut dire qu'elle n'est rien
» encore en comparaison des communications
» réelles qui existent entre Dieu et les créatures

» sorties de ses mains. Les trois personnes divines
» répandent sur tous les bienheureux du paradis
» un flux de bienfaits, et ces bienheureux les
» font refluer sur ces trois adorables personnes,
» par leurs louanges et leurs actions de grâces, en
» les bénissant, en les exaltant, en les glorifiant
» éternellement. Le Père, le Fils et le Saint-Es-
» prit influent aussi, quoique d'une manière dif-
» férente, sur toutes les créatures qui sont dans
» le monde ; et ces créatures, à l'aide des dons et
» des grâces qu'elles reçoivent du Verbe incarné,
» réinfluent sur cette Trinité trois fois sainte, par
» leurs services et leurs vertus qui leur attirent ses
» divines complaisances. Je vois le Père qui aspire
» le salut des hommes. Je vois le Fils qui le res-
» pire en eux, et je vois le Saint-Esprit qui le
» leur inspire. L'aspiration du Père est le désir
» qu'il a du salut des pauvres humains. La res-
» piration du Fils est ce qu'il fait dans l'âme pour
» la rendre digne des complaisances du Père.
» L'inspiration du Saint-Esprit est l'illumination
» qu'il opère pour faire avancer une âme de vertu
» en vertu, jusqu'à ce qu'elle voie Dieu dans la
» céleste Sion. Telle est la continuelle opéra-
» tion de la très-sainte Trinité dans les créa-
» tures. »

Elle disait encore que la très-sainte Trinité in-
flue d'une manière plus spéciale dans les âmes re-

ligieuses, et que ces âmes reçoivent ses opérations d'une manière si différente des autres créatures, qu'elle ne pouvait en revenir d'étonnement et d'admiration. Un jour qu'elle était abîmée dans la contemplation de cette merveille, Dieu lui fit voir une religieuse inconnue qui ne recevait pas ses divines influences, parce qu'elle s'en rendait indigne, par la volonté qu'elle avait de persévérer dans l'état du péché mortel : en conséquence de quoi, elle était environnée d'une grande multitude de démons qui la tenaient liée avec des chaînes. Épouvantée à la vue d'un si affreux spectacle, Magdeleine ne cessait de pleurer et de se lamenter, lorsqu'elle la vit tomber misérablement au fond de l'abîme, avec son cortége d'esprits infernaux. Ne pouvant supporter cette horrible vision, elle poussa un cri si perçant qu'il fut entendu par tout le monastère, et exhala sa douleur en disant : « Ame religieuse ! ah ! jamais je » n'aurais pu croire que ton obstination à vivre » dans le péché mortel eût persisté jusqu'à vou- » loir mourir dans cet affreux état. »

Une autre fois, contemplant encore cet auguste mystère de la Trinité divine, on l'entendit qui disait : « Oh ! quel beau cercle forme la très-sainte » Trinité inscrutable et incompréhensible ! Je » vois dans ce cercle une fontaine, un livre et un » miroir : le miroir est le Verbe incarné, le livre

» est dans le Père, et la fontaine dans le Saint-
» Esprit ; et voilà qu'on me dit que je dois regar-
» der ce miroir, étudier dans ce livre et me laver
» dans cette fontaine. »

CHAPITRE XXV.

Lumières communiquées à Magdeleine sur le mystère de
la sépulture de Jésus-Christ et l'assomption de sa très-
sainte Mère.

———

ANS l'année 1585, le douzième jour
de mai, ravie en extase, pendant
quarante heures continuelles, en mémoire des quarante heures que la très-
sainte humanité de Jésus-Christ passa dans
le tombeau, elle dit des choses si belles et si édifiantes que je me ferais un reproche de les soustraire à mes lecteurs. D'abord, elle entendit
Marie qui disait au Père céleste : « J'adore mon
» Fils qui est votre Fils unique. Je vous offre,
» pour le salut de toutes les créatures, le sang
» que ce Fils bien-aimé a répandu pour le rachat

» du genre humain. Donnez-moi mon Fils et
» mon Époux, qui fut ma consolation, et qui
» fait maintenant toute ma peine ; après m'avoir
» tant consolée, il m'afflige beaucoup aujour-
» d'hui. »

Magdeleine montra ensuite qu'elle contemplait
le corps sanglant de Jésus-Christ, qu'elle baisait
ses plaies adorables ; puis, parlant de la plaie de
son cœur, elle dit : « Pourquoi tous les hommes
» n'entrent-ils pas dans ce cœur si largement
» ouvert ? dans cette caverne d'amour si pro-
» fonde ? » Ensuite, s'imaginant qu'elle le voyait
enseveli, elle s'écria : « Maintenant on pourrait
» dire avec vérité qu'il y a plus d'un paradis, car
» partout où Jésus arrive, les délices arrivent
» avec lui. Il y a donc un paradis dans le tom-
» beau, un paradis dans les limbes, un paradis
» dans le purgatoire, j'ai presque dit un paradis
» dans l'enfer. » Elle se tut un instant, et dit
ensuite : « O Verbe ! ô mon Époux ! combien
» d'hommes entreprennent de vous tenir prison-
» nier dans le sépulcre ; les uns en craignant de
» vous honorer devant les créatures, les autres
» en tenant enfouis les talents que vous leur con-
» fiez ; d'autres enfin en préférant leurs inté-
» rêts aux vôtres. » Ici, elle appela Magdeleine, Pierre, Jacques et Jean au sépulcre, pour
rendre leurs hommages à Jésus. Elle donna des

éloges à la fidélité de Joseph et de Nicodème qui embaumèrent le corps de Jésus et le placèrent dans le tombeau. Ensuite, leur adressant la parole à tous : « Demeurez ici, leur dit-elle ; et moi » je suivrai son âme partout où elle ira. » Alors, elle se tut et demeura plongée, pendant long-temps, dans une admiration profonde, qu'elle manifestait par divers signes. Ensuite, reprenant la parole, elle dit : « J'ai vu l'âme du Verbe qui » déposait son Esprit dans l'essence de la divi-» nité. Je l'ai vu s'asseoir, se reposer, se dilater » dans le sein du Père ; je l'ai vu, ce Verbe di-» vin, précipiter les démons et les méchants au » fond des abîmes ; je l'ai vu élever notre hu-» manité sur ses humiliations ; j'ai vu ma glo-» rification et celle de toute créature en lui-» même. »

Ensuite, continuant son discours, elle ajouta : « Vous êtes trop grand, ô Verbe ! vous êtes trop » infini pour être compris, par moi surtout, qui » ne suis qu'ignorance et aveuglement, et en-» suite par toute créature. Cependant il viendra » un temps où nous vous connaîtrons mieux ; » mais quand sera-ce ? Quand ce qu'il y a en » nous d'uni par conformité, et non par com-» plaisance, sera détruit. Ah ! pour celui qui » vous connaît plus parfaitement, la vie est la » mort, et la mort est la vie ; et cela se fait par

» conformité. Ensuite celui qui vous connaît
» mieux souffre davantage de votre absence ;
» mais il se conforme encore à votre volonté
» sainte. » Ici notre sainte distingue trois
sortes de conformité, et les explique longuement
Mais il suffit de savoir ce qui les forme et les
distingue. Or, la première se fait par grâce,
la seconde par admiration, et la troisième par
amour.

Ici, son esprit se fixant sur la multitude et
l'énormité des péchés des hommes, elle s'écria :
« Oh ! si je pouvais donner ma vie pour effacer
» tant d'indignités ! Mais c'est trop peu. S'il le
» fallait, je me dévouerais pour cela aux flammes
» infernales, et, endurées dans cette intention,
» elles me sembleraient un paradis. Mais, hélas !
» de quel bois suis-je donc faite ? Le buisson de
» Moïse était ardent, et son feu ne consumait
» pas. Et moi, je suis froide comme la glace,
» et cependant je me consume ! O Verbe ! qu'il
» ne se fasse donc plus de péchés sur la terre !
» non, plus de péchés ! O bon Jésus ! d'où me
» vient cette complaisance que je ressens aujour-
» d'hui pour vous ? Car pourtant je ne vous con-
» nais, ni ne vous comprends, ni ne vous aime. »
On vit, en ce moment, par ses gestes, qu'un feu
intérieur la brûlait, et on l'entendit s'écrier : « Mon
» Jésus ! est-ce votre intention que mon corps

» soit détruit de cette manière? Où suis-je main-
» tenant? Est-ce dans le ciel? est-ce sur la terre?
» est-ce dans le purgatoire? est-ce en enfer?
» Je n'en sais rien; mais peu m'importe. O bon
» Jésus! ô bon Jésus! si je monte au ciel, vous
» y êtes. Si je descends dans les enfers, je vous
» y trouve également. O bon Jésus! ô bon Jé-
» sus! vous êtes tout amour, mais pur amour.
» Je ne vous comprends pas, mon Jésus; je ne
» me comprends pas moi-même. J'ignore si je
» suis en vous; mais vous le savez. Je ne sais si je
» suis au ciel ou sur la terre; quant à vous, vous
» le savez. Suis-je en purgatoire? Non, je n'y
» suis pas. Suis-je en enfer? Je serais tentée de
» le croire; car il me semble que j'en ressens les
» douleurs : mais non; je ne sais plus où je suis,
» ni ce que je suis. Je ne suis rien, et cependant,
» parce que je procède de vous, je suis une chose
» infinie. Toutes les créatures venant de vous par-
» ticipent à l'infinité de votre être, tandis que de
» leur fond elles ne sont que néant; mais, parce
» qu'elles sont infinies d'une certaine manière,
» elles atteignent à des choses infinies. Ainsi,
» elles comprennent votre amour qui est infini;
» elles vous aiment, vous qui êtes infini ; elles
» vous possèdent, vous qui êtes infini. Suis-je,
» ou ne suis-je pas? comprends-je, ou ne com-
» prends-je pas? Vous le savez. Et moi, je pour-

» rais dire avec votre grand Apôtre : Suis-je dans
» mon corps ou hors de mon corps? Je l'ignore, et
» Dieu le sait. Du reste, il m'importe peu de sa-
» voir ou de ne savoir pas de telles choses. Vous
» êtes tout miséricorde, tout justice : voilà ce que
» je sais. O bon Jésus ! bon Jésus ! je bénirai le
» Seigneur toute ma vie. Venez, Verbe, venez.
» Oui, vous viendrez à moi avec plaisir. O Époux
» très-aimant, vous êtes plus doux à mon cœur
» que le rayon de miel à ma bouche. Oh! com-
» bien, combien vous tardez à venir à moi ; à
» venir, dis-je, par votre présence, car par votre
» essence je vous possède déjà. Que les yeux de
» votre puissance daignent s'abaisser et regarder
» une pauvre créature si déformée par ses péchés,
» comme le sait trop bien celle à qui vous avez
» fait la grâce de le comprendre, et pour qui le
» spectacle de tant de péchés est un véritable
» tourment. »

Un instant après, elle donna de grands signes
de joie, en voyant le Verbe avec son âme sainte
descendre dans les limbes, pour consoler, ou plutôt pour glorifier toutes les âmes captives dans
cette triste prison. Ensuite, parlant des saintes
femmes qui sortirent de Jérusalem pour aller chercher le corps de Jésus où il n'était plus : « Elles
» nous apprennent, disait-elle, que, quand le
» Verbe s'est éloigné de nous, et que nous ne le

» sentons pas plus que s'il était mort, au lieu de
» demeurer tranquilles, il nous faut le chercher
» avec un grand désir, le poursuivre avec des sou-
» pirs ardents jusque dans le **sein du Père**, ne
» nous arrêtant jamais que nous ne l'ayons trouvé,
» ne cessant de crier intérieurement vers lui, jus-
» qu'à ce qu'il nous entende, ou de décocher
» contre lui des flèches d'amour, jusqu'à ce que,
» comme un oiseau blessé, il tombe par terre et
» se laisse prendre, se rendant impuissant par
» son propre pouvoir. »

Enfin, Jésus revenant des limbes avec son brillant cortége, elle dit aux captifs délivrés : « O âmes
» bienheureuses! quoique vous ne fussiez pas pré-
» sentes à la mort du Verbe, vous n'en avez pas
» moins participé à son efficacité. Vous vous êtes
» fait **un** vêtement de son sang, et une fois re-
» vêtues de cette robe précieuse, vous n'avez pu de-
» meurer plus longtemps dans votre prison téné-
» breuse. De même, si les âmes qui sont sur la
» terre se rendaient dignes de participer, et partici-
» paient en effet à ce sang précieux, il serait impos-
» sible qu'elles ne fussent pas sauvées. Or, ce sang
» adorable tomberait infailliblement sur nous, si
» nous ne nous en rendions indignes par **notre**
» faute. Qu'est-ce qui vous a fait descendre sur
» la terre, ô Verbe? L'amour. Qu'est-ce qui
» vous a fait remonter dans le ciel? Le sang. Qui

« donc pourra oublier tant de bienfaits et vous re-
« fuser le tribut de sa juste reconnaisssance? L'a-
« mour vous a attiré du ciel en terre. Le sang
« nous attire de la terre au ciel. » Ici, elle fit
« signe qu'elle voyait Jésus-Christ ressuscité, et
« dit : « Tous ceux qui le virent sortir du tombeau
« furent ravis d'admiration en voyant la splendeur
« de sa gloire. Où sont maintenant les blessures?
« Où sont les mauvais traitements? Où sont les
« ignominies ? »

Les affections et les pensées qui l'occupèrent,
pendant une nuit qui précédait la fête de l'Assomption de la bienheureuse Marie, ne sont ni
moins dévotes ni moins remarquables. Après avoir
prié tous les chœurs des Anges de lui obtenir de
Dieu le pardon de tous ses défauts, afin qu'elle fût
disposée à monter au ciel avec cette Reine des
vierges, elle eut une vision qui mérite d'être rap-
portée. Il lui sembla voir tous ces chœurs angé-
liques descendre par troupes et chargés de présents, vers le sépulcre où gisait le saint corps de
Marie, qui est l'arche de la nouvelle alliance, pour
le prendre et l'amener avec eux ; mais la gloire de
cette auguste Vierge ne pouvant être augmentée,
puisqu'elle était parfaite et consommée, ce qu'ils
auraient voulu faire pour elle, ils le firent pour les
âmes les plus fidèles, afin de les disposer à monter
comme elle dans les cieux. Mais laissons cette

sainte fille s'expliquer elle-même : « Voici les
» anges qui s'avancent vers Jésus leur roi. Je les
» vois qui tirent de ses plaies de roses divers or-
» nements pour embellir nos âmes. Eh ! plût à
» Dieu qu'elles fussent disposées à recevoir cette
» riche parure qu'ils désirent leur donner. Si
» Marie nous voyait ornées des vertus dont ces
» ornements sont les symboles, il me semble
» qu'elle prendrait en nous une telle complai-
» sance, que nous serions constamment l'objet
» de ses attentions. Les archanges s'avancent les
» premiers vers la sainte humanité du Verbe, et
» tirent de la plaie de sa main droite de magnifi-
» ques colliers destinés à ceux qui ne courbent
» point leur tête sous le joug de la volonté pro-
» pre. Les trônes prennent dans la plaie de sa
» main gauche de superbes bracelets, qui signi-
» fient que toutes nos œuvres doivent être diri-
» gées à la gloire de Dieu. C'est ce que nous lui
» avons promis, et rien ne lui plaît davantage.
» Les dominations tirent des plaies de ses deux
» pieds des pendants d'oreilles, qui figurent l'at-
» tention continuelle que nous devons apporter
» aux inspirations de l'Esprit-Saint et à leur exé-
» cution. Les principautés détachent de sa cou-
» ronne d'épines une couronne d'or qui y était
» liée ; c'est la couronne de la charité qui est
» Dieu même ; car le bien-aimé disciple l'a dit :

» Dieu est charité. Les puissances tirent du tré-
» sor de son sacré côté le signe cher aux épouses,
» sans lequel elles n'auraient pas droit au nom
» d'épouses, je veux parler de l'anneau dont il est
» dit : Par lui, je t'unirai à moi dans la fidélité.
» Que vont faire les trois autres chœurs pour con-
» tribuer à la beauté de nos âmes? Ah! courage,
» je vois qu'ils se disposent à nous parer des in-
» signes de la Passion du Verbe, afin que lui
» aussi puisse se complaire en nous. »

Les anges étant arrivés au sépulcre de leur
Reine, notre sainte les vit tressaillir de joie et se
ranger en cercle autour de ce saint corps, qu'on
peut appeler un autre paradis, puisque le Fils de
Dieu l'avait choisi pour le lieu de son repos. Lorsque Marie se fut levée, avec une majesté incomparable, Magdeleine se jeta à ses pieds, et la
pria de la renouveler intérieurement et extérieu-
rement, en ajoutant que cela lui suffisait et qu'elle
ne lui demandait pas d'autre grâce. A ce moment,
elle sentit une cruelle douleur, qui lui fit dire :
« O Marie! je crains que mon âme se sépare de
» mon corps, comme la vôtre a quitté le sien,
» car je ne suis pas encore digne de vous suivre. »
Un peu après, voyant la Vierge s'élever dans les
airs et entendant les mélodieux cantiques des
anges, elle dit : « Oh! que ces chants sont doux!
» ils me font défaillir. Cependant, je ne puis les

» entendre parfaitement, encore moins les expri-
» mer. Voici seulement ce qu'ils me semblent dire
» en substance : Chargeons-nous de celle qui s'est
» chargée de toutes les misères humaines ; pre-
» nons dans nos mains celle qui a pris dans son
» cœur toutes les vertus ; puisqu'elle a porté le
» Fils de Dieu dans son sein, portons-la au ciel
» sur nos ailes. » Ensuite, tout absorbée dans
son admiration, elle répéta neuf fois le répons
qui commence par ces paroles : « O virginité
» sainte et immaculée, par quelles louanges vous
» glorifierai-je ! etc. » Ensuite elle ajouta : « Ne
» semble-t-il pas que l'auguste Trinité a déclaré
» Marie neuf fois sainte, en l'élevant au-dessus
» des anges ? O chose vraiment admirable et sur-
» prenante ! que le Père éternel, tout Dieu qu'il
» est, attire à lui avec tant d'affection cette pau-
» vre petite créature ! que son même amour, qui
» a fait descendre le Verbe pour racheter le
» monde, fasse monter jusqu'à lui une femme
» rachetée par son sang ! C'est l'amour du Verbe
» qui l'a porté à s'anéantir, et c'est encore son
» amour qui le porte aujourd'hui à exalter sa
» Mère. Le Saint-Esprit ne fut pas plus prompt
» à descendre dans le sein de Marie pour y for-
» mer le corps de Jésus, qu'il ne l'est aujour-
» d'hui à élever dans le ciel cette femme par
» excellence. Mais pourquoi tant de célérité dans

» ce voyage? Ah! c'est que le ciel, sans elle,
» n'avait pas atteint toute sa perfection ; c'est
» que ses heureux habitants n'étaient pas encore
» pleinement glorifiés ; car enfin la présence de
» Marie a bien apporté quelque augmentation
» accidentelle à leur gloire. Avant que Marie
» fût au ciel, il avait un roi, mais il n'avait pas
» de reine ; maintenant il a tout ce qu'il lui
› faut, et le bonheur des saints est complet.

» Que dirai-je davantage? Dieu étant infini-
» ment généreux par l'inclination de sa nature,
» ce qui fait qu'il désire se communiquer autant
» que cela se peut, il semblait manquer quelque
» chose à sa gloire, tandis qu'il ne se trouvait
» dans le paradis aucune créature assez pure
» pour être capable de recevoir toute la gloire
» qu'il peut et désire communiquer. A la vérité,
» Jésus s'y trouvait ; mais Jésus étant Dieu, en
» même temps qu'il est homme, est glorieux
» par lui-même. Le Père jetant donc les yeux
» sur Marie, se complaisait dans son admirable
» pureté qui avait attiré le Verbe dans ses chastes
» entrailles. Mais, ô mon Dieu! si vous vous
» complaisiez tant en elle, pourquoi donc l'avez-
» vous laissée languir si longtemps séparée de
» vous? Ah! je vous comprends. Vous vous
» complaisiez à la posséder sur la terre, comme
» vous vous complaisiez à la posséder dans votre

» entendement avant de lui donner la vie. Lors-
» qu'elle n'existait encore que dans votre éter-
» nelle pensée, déjà vous voyiez le fruit qu'elle
» devait vous donner, je veux dire l'humanité de
» votre Verbe. Tandis qu'elle vécut sur la terre,
» vous voyiez ce fruit sorti de son sein ; et, en
» regardant l'humanité du Verbe assise à votre
» droite, vous voyiez en quelque sorte la chair
» même de Marie dont celle de Jésus avait été
» formée. Mais vous, ô divine Marie ! comment
» avez-vous pu demeurer si longtemps sur cette
» terre, après l'ascension de votre très-doux et
» très-aimable Fils ? Ah ! de même que vous
» consentîtes à la mort de Jésus par conformité
» à la volonté de son Père, de même vous avez
» consenti à demeurer loin de lui pour accomplir
» encore cette sainte volonté. Oh ! que cette
» première conformité fut admirable ! Combien
» il dut vous en coûter pour consentir à voir votre
» Fils tout aimable suspendu à l'arbre de la croix.
» Cependant vous vous conformâtes, parce que
» vous voyiez le fruit immense qui devait sortir
» de cet arbre de mort. C'est nous, bonne Ma-
» rie ! qui sommes les fruits sortis de la croix,
» nous, destinés par votre conformité à occuper
» dans le paradis les places demeurées vacantes,
» et vous vous complaisiez tant dans notre bon-
» heur, que, pour nous le procurer, vous vous

» seriez sacrifiée vous-même, si cela eût été né-
» cessaire. » Elle s'interrompit en cet endroit,
et dit : « Voilà que Marie s'élève au-dessus des
» nuées, elle disparaît. Je ne vois plus qu'une
» longue trace de lumière qu'elle laisse après
» elle. » Ici elle offrit toutes les créatures à
cette auguste Vierge et sortit de son ravissement

CHAPITRE XXVI.

Magdeleine éprouve un désir insatiable de souffrir. Sa
dernière maladie. Sa mort.

———

AGDELEINE ne connaissait point d'ennemi qui lui parût plus haïssable que
sa propre chair. Dès sa plus tendre
enfance, elle lui déclara la guerre, re-
fusant toute nourriture hors des repas, et,
dans les repas même, se privant des aliments les
plus délicats, dormant sur une paillasse, se levant la nuit pour prendre la discipline, et ceignant
son corps délicat de branches d'arbustes épineux.
On peut juger par ces austérités pratiquées sous
les yeux vigilants de sa mère, des saints excès
auxquels elle se porta, lorsque, transplantée
dans un monastère, elle jouit à cet égard d'une

plus grande liberté. Elle ne fut pas la moindre de ses pénitences, cette application sans relâche aux travaux qui lui étaient enjoints par l'obéissance, et à ceux qu'elle s'imposait elle-même pour soulager ses sœurs, lorsque son corps avait peine à se soutenir, brisé qu'il était par ses macérations volontaires. Outre son jeûne de cinq ans au pain et à l'eau, on peut dire que toute sa vie ne fut qu'un long jeûne. Encore, peu contente de cette pénitence, elle y ajoutait des flagellations si rudes, que les religieuses qui les entendaient, émues de compassion, couraient à la supérieure pour implorer l'intervention de son autorité. Elle se couvrait de rudes cilices et portait une ceinture de fer. Pour mieux satisfaire encore sa haine implacable contre elle-même, tantôt elle se frappait la poitrine avec un caillou, tantôt elle se brûlait les bras et les jambes avec de la cire fondue ou des sarments en flamme. D'autres fois, elle se tordait les chairs avec des tenailles, jusqu'à en exprimer le sang. Ajoutez à tous ces tourments l'habitude de passer les hivers couverte d'une simple robe, et les pieds nus pendant trois ans. On ajoute que, dans les autres temps où elle portait une chaussure, il lui arrivait quelquefois d'y introduire quelques petites branches piquantes du genevrier. Souvent encore, trouvant sa paillasse trop molle, elle se couchait sur le pavé, toute vêtue, pour être plus tôt prête à secourir les malades, ou à réveiller ses sœurs pour l'office de la nuit, ce qu'elle fit pendant quinze ans. Telle fut sa manière de vivre, constante, à laquelle elle ne dérogea que dans ses infirmités, lorsqu'elles devenaient si graves qu'elle ne pouvait plus les dissimuler.

Cependant son amour pour les croix augmentant de plus en plus, elle pria Dieu de la faire vivre désormais dans un état de pures souffrances. Or, Dieu lui fit connaître, pendant un ravissement qu'elle eut en 1602, que sa prière était exaucée. Aussitôt elle courut, toute joyeuse, trouver la mère Évangéliste, femme d'une grande expérience et d'une haute vertu, qui avait été autrefois sa maîtresse de noviciat, et à laquelle elle conservait toute sa confiance avec une telle estime qu'elle l'appelait sa sainte par excellence. Elle lui fit part de la faveur qu'elle venait d'obtenir ; et parce qu'elle craignait la puissance de ses prières, elle la supplia de ne rien dire à Dieu qui pût l'engager à la révoquer. Cette mère lui en ayant fait la promesse, elle s'en fut au chœur, pour rendre grâces à Dieu ; ce qu'elle fit avec les sentiments du plus tendre amour et de la plus vive reconnaissance. Le Seigneur, pour accomplir sa promesse, commença par la sevrer des consolations qu'il lui prodiguait d'ordinaire, si bien que, même dans ses ravissements, elle ne trouvait plus aucun goût spirituel. Cependant, ayant éprouvé un jour je ne sais quoi qui flattait le sentiment, on l'entendit s'en plaindre à Dieu, et lui dire : « O mon » Dieu ! pourquoi violez-vous le pacte que vous » avez fait avec moi ? » Et elle recommença à demander une vie de pures souffrances. Enfin, Dieu la satisfit entièrement en lui envoyant une longue et cruelle maladie, accompagnée d'une extrême désolation spirituelle. Cette désolation, qui commença plus tôt que la maladie, alla si loin, que, pour trouver un peu de dévotion, elle était obligée de recourir à des artifices. Ainsi, par exemple, on la voyait au pied du Saint-Sacrement, tantôt un rosaire à la main, tantôt lisant dans un livre de prières vocales, tantôt parcourant l'histoire de la Passion ou quelque vie de saint ; et elle en était réduite en cette extrémité, même dans ses actions de grâces après la communion. Dans tous ses exercices ordinaires, elle éprouvait une répugnance de la partie sensitive si forte et si pénible, qu'elle dit un jour à une de ses sœurs : « Vraiment, ma sœur, il faut qu'une » âme, qui a goûté combien le Seigneur est » doux, aime bien la croix et soit devenue bien » maîtresse d'elle-même à force de violences, » pour continuer à servir Dieu dans les aridités » comme elle le faisait dans les consolations. »

Le jour de saint Jean-Baptiste de l'année 1604, étant en extase, et ce fut la dernière, du moins aux yeux de ses sœurs, Dieu lui fit connaître que depuis cette heure jusqu'à sa mort, elle ne cesserait plus de souffrir. Elle répondit avec un visage joyeux : « O mon Jésus! voulez-vous que » je devienne comme un petit enfant? voulez-» vous que je renaisse? » Ensuite elle ajoutait avec un air d'extrême contentement : « Oh! com-» bien je dois me faire petite! Oui, je dois tel-» lement me rapetisser que mes sœurs ne me » reconnaissent plus. » Elle voulait dire, ainsi qu'elle l'expliqua elle-même dans la suite, qu'en raison de la croix que Dieu lui promettait, elle allait mener une vie si dissemblable à la première, qu'elle paraîtrait renaître uniquement pour souffrir. Or, ce fut précisément ce qui arriva : car, outre ses souffrances physiques, elle passa par de telles aridités d'esprit, que Dieu paraissait l'avoir abandonnée. Cependant, toujours plus attachée à la sainte volonté de Dieu, au lieu de se décourager et de négliger ses devoirs, elle était d'une promptitude admirable à exécuter tout ce que lui prescrivait l'obéissance. Elle continua donc, malgré son état de faiblesse et de peines intérieures, son triennat dans la charge de maîtresse des novices jusqu'à la fin.

Le temps du renouvellement des charges étant

arrivé, elle eut un pressentiment qu'on allait demander une dispense d'âge pour la nommer prieure. Alors elle parla adroitement de sa mauvaise santé et laissa percer le désir de jouir d'un peu de repos, non pour éviter le travail, mais bien l'honneur attaché à cette prélature. Cependant, au mois d'octobre de la même année, les religieuses s'étant assemblées pour procéder aux élections, toutes, occupées de son mérite et sans nul égard à ses infirmités, l'élurent prieure du monastère. Magdeleine reçut d'abord cette nomination avec une vive douleur, parce qu'elle se croyait sincèrement incapable de remplir une telle charge; mais, comme elle était d'une résignation parfaite à la volonté de Dieu, elle devint bientôt calme et ne pensa plus qu'à remplir les devoirs de ce nouvel emploi. Du reste, Dieu n'avait voulu d'elle que ce dernier acte de bonne volonté; car, huit jours après, elle fut prise d'une grosse fièvre accompagnée d'une si vive douleur de tête, qu'elle fut obligée de se mettre au lit. Elle en sortait chaque matin pour assister à la sainte messe et y communier; mais revenue dans sa cellule, elle éprouvait une telle défaillance qu'on craignait qu'elle en rendît l'esprit. Cependant sa dévotion pour ce banquet céleste l'emportait sur son infirmité; elle continua pendant quelques jours encore à se rendre à la chapelle;

mais enfin son corps ne pouvant plus se soutenir,
ses filles la conjurèrent de sacrifier cette jouissance
du cœur au soin de sa santé. Cette bonne mère
répondit : « Si vous jugez que je sois indigne de
» recevoir chaque jour mon divin Maître, je m'en
» abstiendrai sans aucun doute ; mais si vous
» êtes mues à me donner ce conseil par d'autres
» considérations, je ne ferai pas ce que vous me
» dites, à moins que mon confesseur ne me l'en-
» joigne par obéissance, quand je devrais en
» mourir : car je suis persuadée que, sans la
» sainte communion, il me serait impossible de
» supporter et les douleurs de cette fièvre con-
» tinuelle, et les peines plus intolérables encore
» de mon intérieur. Je sens au contraire, après
» la communion, que ce pain de vie m'a rendu
» de nouvelles forces pour soutenir ces épreuves. »
Malgré cet adoucissement, elle avait peine à
supporter l'inaction à laquelle elle se voyait con-
damnée. Rien n'était plus contraire à son caractère et à ses habitudes. Aussi disait-elle quelquefois que Dieu n'avait pu lui infliger une peine
plus contraire à sa nature que celle-là. Cependant, parce qu'elle savait certainement que telle
était la volonté de Dieu, on ne saurait dire avec
quelle joie elle supportait cette contrainte pénible.
Huit jours avant l'invasion de sa maladie, entendant lire au réfectoire la vie d'un saint qui

avait beaucoup souffert, elle se sentit si enflammée du désir de l'imiter, qu'elle pria le Seigneur de ne lui épargner aucune torture. Un autre jour, une de ses sœurs s'étant avisée de lui demander si les peines de ses cinq années d'épreuves lui avaient semblé une grande croix, elle répondit que ce temps n'avait jamais été pour elle un sujet de pure patience, parce qu'elle goûtait encore de fois à autres des consolations célestes qui adoucissaient ses tourments : « Mais ce que je demande
» à Dieu maintenant, ajouta-t-elle, c'est un état
» de pures souffrances, qui ne soit mélangé
» d'aucun goût spirituel ; et la confiance que j'ai
» dans la bonté de Dieu me fait espérer qu'avant
» ma mort il m'accordera enfin cette grâce. Oh!
» que je ferai volontiers le sacrifice de toutes ces
» douceurs intérieures que l'on estime tant sur
» la terre ; car je sais qu'elles ne produisent rien
» dans la céleste patrie. » Un si grand désir des souffrances ne pouvait manquer d'être exaucé. Aussi cette sainte mère, une fois couchée sur cette croix dont nous parlons, eut-elle tant à souffrir, que Jésus semblait lui avoir fait part des douleurs même de son cruel martyre. Ses filles avaient beau lui prodiguer les soins les plus attentifs et les plus prompts, elle n'en recevait aucun soulagement ; ce qui lui faisait dire quelquefois que son corps n'était plus capable que de souf-

frances, et que ce qui lui faisait du bien autrefois, ne lui causait plus actuellement que des peines et des douleurs.

Ses maux augmentaient sans cesse, et le péril de sa vie croissait de jour en jour. Cependant son désir de souffrir ne diminuait pas : au contraire, il s'enflammait toujours davantage ; aussi, au milieu de ses peines, elle levait de temps à autre les yeux vers le ciel, et rendait grâces à Dieu de l'avoir conservée jusqu'à cet heureux temps où elle goûtait enfin pour son amour de pures souffrances. Quelquefois encore, considérant ses membres affligés par de continuels tourments, elle disait : « Je confesse, Seigneur, que ce supplice » n'égale ni le nombre ni la grandeur de mes of- » fenses. » Outre toutes les peines que nous avons décrites, elle fut affligée, pendant deux années entières, d'un si violent mal de dents, que, malgré son grand courage, elle ne pouvait retenir ses larmes et ses gémissements. Les accès ne venaient pas par intervalle, comme il arrive d'ordinaire ; c'était un accès soutenu, ou plutôt une rage qui ne discontinuait ni jour ni nuit, et à laquelle tous les remèdes n'apportaient aucun soulagement. Elle ne pouvait reposer ses dents les unes sur les autres, et quand elle était forcée de prendre quelque nourriture, c'était pour elle un insupportable surcroît de tourments. Ce mal enfin ayant dévoré ses gencives, toutes ses dents tombèrent les unes après les autres, après lui avoir apporté chacune son tribut de douleurs. A tout cela se joignit un invincible dégoût pour tous les aliments qu'on lui offrait. Alors le besoin lui inspirait des fantaisies ; mais elle aurait cru commettre un grand défaut en les faisant connaître. Une dame noble, fort attachée à notre sainte, lui envoya quelques mets délicats pour la fortifier ; mais cette délicatesse lui causa de tels scrupules, qu'elle ne put se résoudre seulement à les goûter. Ses filles en avertirent le confesseur qui leva ses scrupules, en disant que ne pouvant prendre les aliments ordinaires, il fallait qu'elle éprouvât la vertu de ces douceurs pour conserver sa vie. Elle obéit donc ; mais ce ne fut pas sans avoir besoin de se faire une grande violence, et elle disait souvent à cette occasion que le temps de la maladie était celui où il fallait faire briller plus que jamais la pauvreté religieuse. En conséquence, plus les aliments qu'on lui servait avaient bonne figure, et plus ils lui causaient d'affliction, ayant continuellement devant les yeux la vie de Jésus qui ne connut jamais aucune satisfaction de l'appétit, aucune délicatesse. Cependant ses douleurs de tête continuaient toujours, et les vendredis surtout elles devenaient intolérables. Outre cela, elle sentait dans ses entrailles des douleurs aiguës comme si des aiguilles l'eussent percée de part en part. Les médecins jugèrent à propos de lui faire un cautère pour diminuer la violence du mal, et la Providence voulut que ce fût pour elle une incommodité de plus, au lieu d'un remède. Toute sa ressource était donc de contempler son crucifix et de lui dire : « Mon Seigneur, si vous ne » me donnez de la force et du courage, il est im- » possible que mon corps supporte davantage de » semblables tourments. »

Une chose qui la rendait bien malheureuse encore, c'était la crainte d'offenser Dieu par les gémissements et les plaintes que lui arrachait la douleur. C'est pourquoi elle suppliait ses sœurs de prier pour elle, afin qu'elle pût supporter tous ses maux sans faire la moindre offense au Seigneur. Cette pensée de crainte l'agitait si violemment qu'elle demandait souvent à son père : « Croyez-vous, mon père, que je puisse être » sauvée? » Et parce que le confesseur paraissait étonné d'une semblable question, elle ajoutait : « Ce n'est pas une petite chose, mon père, » pour une pauvre créature qui n'a jamais fait » aucun bien dans sa vie, d'être obligée de » comparaître devant un Dieu qui est la pureté » même. » Après cela, elle lui demandait de nouveau : « Croyez-vous donc, mon père, que je » puisse être sauvée ? » Rien ne fait mieux ressortir, ce me semble, l'humilité de cette belle âme, qu'une semblable crainte, après avoir vécu si saintement et reçu de Dieu tant de singulières faveurs.

Au milieu de tout cela, elle n'oubliait pas qu'elle avait demandé à Dieu de pures souffrances. Si donc il lui arrivait une ombre de consolation, elle tremblait d'offenser Dieu et de mériter par là les peines éternelles. Son confesseur lui ayant dit un jour que probablement elle recevrait, avant sa mort, de grandes consolations, elle lui répondit : « Mon père, je ne demande » point à Dieu de semblables choses ; je le prie » seulement de me donner la patience pour supporter mes douleurs. » Quoiqu'elle en fût tout accablée, elle ne cessait pas pour cela de remplir, selon son pouvoir, ses devoirs de supérieure, accueillant ses sœurs dans tous leurs besoins et les aidant de ses encouragements et de ses conseils. Aucune ne se retirait d'auprès d'elle sans être pleinement satisfaite, tant elle savait s'oublier elle-même, quand il s'agissait de donner aux autres quelques consolations. Quelques-unes des mères s'étant aperçues que cet exercice de charité était pour elle un soulagement, y avaient recours depuis lors, dans ses crises les plus violentes. Quand elles l'entendaient se plaindre et gémir, elles venaient lui raconter les peines de quelques sœurs. Aussitôt cette bonne mère les faisait venir auprès d'elle, et, oubliant ses propres maux, elle s'efforçait d'adoucir les leurs.

Cependant ses douleurs devenaient toujours plus intolérables ; c'était comme un rasoir qui coupait sa poitrine, comme un feu qui brûlait ses entrailles, comme un marteau qui tombait sur sa tête à coups redoublés. Cependant, aucun signe, aucune parole d'impatience, parce qu'elle avait soin de renouveler sans cesse ses actes de résignation et d'offrande, et de se rappeler combien il est glorieux de souffrir pour l'amour de Jésus. Une de ses filles, témoin de ses tourments, lui dit un jour : « Ma mère, c'est une chose sur-
» prenante que Dieu augmente ainsi tous les
» jours la masse de vos souffrances. — Ma fille,
» répondit-elle, j'approuve d'autant plus cette
» conduite de la Providence, que tel a été mon
» désir depuis mes plus jeunes années, et que,
» dans toutes mes communions, je n'ai jamais
» manqué de lui demander cette grâce. Oh ! si
» vous saviez quel bonheur c'est que de souffrir !
» L'exercice de la patience est si noble, que le
» Verbe ne le trouvant pas dans *le sein de son*
» Père, où il ne goûtait que des délices, des-
» cendit sur *la terre pour se le procurer. Or, il*
» était Dieu, ma fille, et son jugement ne pou-
» vait le tromper. »

Une autre de ses filles, assistant à une de ses crises les plus violentes, lui dit : « Ma mère, j'ai » peine à supporter que Dieu vous fasse tant » souffrir. » Cette parole, si contraire à la conformité avec la sainte volonté de Dieu, troubla cette bonne mère et lui fit dire : « Ah! ma fille, » qu'avez-vous dit! cette parole me fait plus de » mal que les douleurs que j'endure. Prenez bien » garde, quand le Seigneur vous enverra quel- » ques tribulations, de les séparer de sa sainte » volonté; autrement elles seront pour vous un » poids intolérable. » C'était toutefois un spectacle bien triste de voir le corps de cette aimable fille tellement décharné que tous ses os marquaient leur place sur sa couche, et que ses sœurs ne pouvaient plus la soulever sans lui causer les plus cuisantes douleurs. Cependant, au lieu de s'occuper du mal qu'on lui faisait, elle ne pensait qu'à sa chère pureté qui lui semblait offensée par ce genre de service. Elle ne pouvait cacher ses alarmes à ce sujet, et quelquefois demandait aux infirmières : « Croyez-vous, mes sœurs, que ce » contact et ce mouvement puissent blesser ma » virginité? Si vous le croyez, je me ferai vio- » lence pour me tourner sans votre secours; et » si je ne le puis, alors je demeurerai toujours » à la même place. » Preuve évidente qu'elle disait vrai quand elle avouait à son confesseur qu'elle n'avait jamais rien connu ni éprouvé de contraire à la chasteté

Les médecins ne pouvaient comprendre comment elle pouvait vivre si longtemps dans un tel état d'épuisement et avec des douleurs si atroces. Les religieuses, de leur côté, disaient sans cesse qu'elle mourrait infailliblement dans quelques jours. Cependant les jours passaient, les semaines et les mois se succédaient, et elle vivait contre toutes les prévisions de la prudence humaine. Son corps n'était plus qu'un squelette dont la vue déchirait les cœurs. Aussi ses sœurs avaient peine à venir la visiter; et quand elles entraient, elles ne pouvaient retenir leurs larmes, demeuraient muettes et n'osaient pas même arrêter sur elle leurs regards. Souvent même elles se retiraient sans avoir eu la force de lui dire une seule parole. Le confesseur qui lui apportait tous les matins la sainte communion, commençait par la considérer attentivement, craignant beaucoup qu'elle n'eût pas assez de forces pour avaler l'hostie sainte, ou qu'elle mourût avant que cette action fût accomplie : mais l'amour ne manquait pas de suppléer à la faiblesse de la nature. Il y a plus, elle se faisait lire chaque jour les différentes heures de l'office divin, et pendant que deux sœurs les récitaient auprès de son lit, elle était extrêmement attentive et en prononçait elle-même quelques versets avec une grande dévotion. Chaque jour encore, elle offrait à Dieu le sang de Jésus-Christ, priait pour les pauvres pécheurs, pour les âmes du purgatoire, pour les personnes affligées et le succès des affaires qu'on recommandait à son zèle. Ayant un jour entendu dire que dans un monastère, les religieuses avaient la coutume de se réunir au pied du Saint-Sacrement, pour y demander, l'une après l'autre, le pardon de leurs fautes, cette pratique lui plut tant qu'elle voulut l'établir dans sa communauté, et pour en partager elle-même les avantages, elle se faisait porter à la chapelle sur son grabat. Là, quand son tour était venu, elle s'humiliait devant son Maître, faisait toute tremblante un acte de contrition, et le suppliait de la regarder en pitié à l'heure de sa mort : puis, se tournant vers ses filles, elle les priait de lui pardonner ses mauvais exemples d'une manière si touchante qu'elle les faisait fondre en pleurs.

Enfin, après cinq années d'excessives souffrances, les médecins l'avertirent qu'il était temps de recevoir l'extrême-onction ; car ils jugeaient qu'il ne lui restait pas plus de deux ou trois jours d'existence. Magdeleine apprit avec joie la nouvelle de sa mort prochaine, demanda le sacrement des infirmes et s'y prépara par un redoublement d'humilité. Le même jour, au matin,

son confesseur lui ayant apporté la sainte communion, elle recommanda le monastère à sa sollicitude, lui promettant que si elle était reçue
dans le paradis, elle demanderait instamment à
Dieu, pour lui et toutes ses filles, qu'elle pût les
revoir bientôt dans le royaume des cieux. Ensuite, après avoir de nouveau demandé pardon
aux religieuses de ses mauvais exemples, elle les
conjura de se conduire toujours en vraies épouses
de Jésus-Christ; elle les remercia d'avoir bien
voulu la souffrir dans leur communauté, reconnaissant qu'elle en était fort indigne. « J'espère
» cependant, ajouta-t-elle, que par les mérites
» de mes pieuses sœurs, Dieu me pardonnera
» mes offenses et m'unira de nouveau à elles
» dans l'éternité. » Ensuite, se tournant vers
la mère Evangéliste Jucundi, qui l'avait dirigée
avec tant de sagesse dans les voies de Dieu, elle
lui rendit de très-humbles actions de grâces pour
tout le bien qu'elle lui avait fait, et lui demanda
pardon de toutes ses fautes envers elle : après
quoi elle lui promit de prier Dieu dans le ciel de
lui faire atteindre, pour le bien commun du monastère, les longues années de son saint patron.
Elle le fit en effet, et fut exaucée ; car cette
mère, qui avait alors septante-trois ans, vécut
jusqu'à nonante-deux, et mourut saintement
en 1626. Elle donna encore, comme par testa-

ment, à toutes ses sœurs ces trois avis salutaires :

« **1.** Ayez toujours, mes chères sœurs, leur
» dit-elle, un zèle ardent pour la conservation
» de vos règles et de vos constitutions, prêtes à
» donner votre vie, s'il le fallait, plutôt que de
» permettre qu'on les relâche, et ne perdant ja-
» mais de vue cet objet, quand il s'agira d'élire
» les supérieures de la maison.

» **2.** Aimez singulièrement et recherchez en
» toutes choses la pauvreté et la simplicité reli-
» gieuse; mais sans rien affecter de particulier.
» Il est vrai que je ne vous ai pas donné cet
» exemple; car je me suis souvent écartée des
» règles communes dans la nourriture et le vête-
» ment. Je vous prie de me pardonner cette con-
» duite particulière, pour l'amour de Dieu dont
» je n'ai fait qu'exécuter la sainte volonté.

» **3.** Demeurez toujours tendrement unies par
» les doux liens de la charité, et n'ayez toutes
» ensemble qu'un cœur et qu'une âme ; en sorte
» que chacune se réjouisse plus du bien de ses
» sœurs que du sien propre, étant profondément
» persuadée qu'elles sont beaucoup plus capables
» qu'elle-même de procurer la gloire du Sei-
» gneur. » Après tout cela, s'étant fait chanter
le symbole de Nicée, la préface de la Trinité et
le symbole de saint Athanase, elle reçut des mains
de son confesseur le sacrement de l'Extrême-

Onction. Pendant qu'il le lui conférait, elle répondait elle-même aux versets et aux litanies, et ne détourna pas un seul instant ses yeux du crucifix qu'elle tenait à la main. Quant aux religieuses, elles étaient prosternées autour de son lit, éclatant en soupirs et en sanglots, et répandant des larmes inconsolables. Ce sacrement procura à Magdeleine tant de consolations, que son visage reprit son ancienne sérénité, et que toutes ses douleurs disparurent ; ce qui lui fit dire à son confesseur : « Je sais, mon père, que vous avez » formé le projet d'aller demain visiter les er-» mites de Monte-Senuco. Vous pouvez y aller » sans crainte, vous me retrouverez en vie. Je vous » prie de me recommander à leurs prières ; j'ai » la confiance qu'ils m'obtiendront du Seigneur » la grâce de mon salut. » Le confesseur ayant répondu qu'il ne voulait pas s'éloigner dans le danger où elle se trouvait, elle lui dit derechef : « Allez, mon père, en toute confiance, je pro-» mets de vous attendre. » Le père, rassuré, fit son voyage, revint trois jours après, et la trouva dans le même état.

Pendant les treize jours qu'elle survécut à la réception de ce sacrement, elle eut à supporter les plus terribles souffrances, tellement que le peu de chair qui restait sur ses os, pressuré par la douleur, exprimait une sueur si abondante que tout son lit en était inondé. Il fallut placer deux sœurs continuellement auprès d'elle, pour la dessécher avec des linges blancs. Pendant ce temps-là, notre sainte, uniquement attentive à son salut, ne pensait qu'à trouver de nouveaux moyens de le mettre en assurance, et de se rendre de plus en plus agréable à la divine Majesté.

Elle se recommandait sans cesse aux prières de ses sœurs, qui, de leur côté, ne manquaient pas, en lui disant adieu, de recommander à sa charité leurs pieux désirs, et de lui demander telle et telle grâce. Quelques religieuses, attentives à ce qui se passait, se disaient continuellement : « Ne croirait-on pas voir sur ce pauvre lit
» une grande et puissante reine qui doit partir
» incessamment pour aller rejoindre son Époux,
» si bien que tout le monde accourt pour récla-
» mer sa protection et lui recommander ses
» affaires. » Elle, de son côté, promettait tout ce qu'on lui demandait, avec beaucoup plus d'assurance qu'elle n'avait coutume de le faire, en disant :
« Si, pendant que j'ai vécu, j'eusse volontiers
» sacrifié ma vie pour votre avancement dans la
» perfection, parce que je savais l'amour que
» Jésus vous portait, jugez par là du zèle avec
» lequel je vous servirai toutes, si ce divin Époux
» me reçoit dans son paradis. » Encouragées par ces promesses, toutes se jetèrent à genoux, en

la priant de se charger de leurs commissions auprès de Jésus. L'une demandait le pardon de sa
tiédeur, l'autre de l'abus qu'elle avait fait des
créatures ; celle-ci désirait des conseils et des lumières, celle-là de l'humilité, une autre un grand
amour ; et la sainte accueillait toutes ces suppliques avec une bonté non pareille, et disait à chacune un petit mot de consolation. Enfin elle ne
parlait plus que de Dieu, de la mort, du paradis, de la perfection évangélique, de l'état religieux, de l'observance des règles, de la charité
fraternelle, et par ces discours, elle embaumait,
elle embrasait tous les cœurs. Tout à coup une
religieuse entre dans la chambre, et, au grand
étonnement de toutes les sœurs, elle ne s'approche de cette sainte mourante que pour l'injurier.
Magdeleine reçut cet affront avec une admirable
patience et lui parla sur le ton de la plus tendre
amitié ; une de ses filles se montrant étonnée de
sa douceur, cette bonne mère lui dit : « Cette
» sœur est venue me faire du bien. J'ai dû lui
» témoigner de la reconnaissance ; et je me ré-
» jouis de n'être pas morte avant l'arrivée de
» cette petite croix. »

Quoiqu'elle fût plus que moralement certaine
de la vérité de ses révélations, cependant son
humilité lui faisant craindre d'avoir été jouée par
le démon, elle demanda à son confesseur avec

inquiétude s'il ne croyait pas qu'elle eût été dans l'illusion ? « Si vous ne vous êtes point écartée de
» la ligne de l'obéissance, répondit le confesseur,
» demeurez sans crainte : le démon n'a pu vous
» tromper. — Je ne me rappelle pas, reprit
» Magdeleine, d'avoir jamais rien fait sans obéis-
» sance. Je me suis toujours laissé conduire
» simplement par mes supérieurs, et en cela,
» comme dans tout le reste, je n'ai cherché qu'à
› plaire à Dieu. » Le bon état de sa conscience faisait que la mort ne lui inspirait aucune frayeur. Aussi ses sœurs lui en parlaient avec autant de liberté que de tout autre sujet. Cette conversation semblait même avoir des charmes particuliers pour elle, et la dissolution de son corps était l'objet de ses désirs les plus ardents. Les religieuses qui l'assistèrent pendant sa dernière nuit voyaient sur son visage les signes évidents de la tranquillité de son âme ; et elle-même avait dit à son confesseur, l'avant-veille de sa mort : « Je
» puis vous assurer, mon père, qu'il n'y a pas
» une partie de mon corps qui ne soit accablée
» de douleurs ; mais qu'au milieu de tout cela,
» mon cœur jouit d'une paix délicieuse. » Dans les derniers jours, quoiqu'elle souffrît beaucoup plus que de coutume, elle refusa tous les soulagements qu'on lui offrit, et ceux même que le médecin prescrivait, en disant : « Mon Jésus fut

» privé de tout soulagement sur la croix. Je veux
» mourir, comme lui, sans adoucissement à mes
» douleurs et dans la dissolution de mon âme. »
Seulement, pour se donner un peu de dévotion,
du moins extérieure, elle se faisait réciter jour et
nuit des litanies, les psaumes pénitentiaux, le
symbole de saint Athanase et d'autres prières
dévotes, et elle se faisait apporter chaque matin
la sainte communion

Le 24 mai de cette année 1607, jour où
l'Église célèbre la fête de l'Ascension du Sauveur, s'étant trouvée beaucoup plus mal qu'à l'ordinaire et tout annonçant sa prochaine dissolution,
on fit sur elle les prières de la recommandation
de l'âme, au milieu des gémissements et des soupirs de ses sœurs rangées autour de son lit de
mort. Alors elle demanda à son confesseur quand
il pourrait lui apporter le saint Viatique. Celui-ci
ayant répondu qu'il le lui apporterait après minuit, elle commença à parler avec tant de feu
des choses célestes, qu'on crut que son cœur
allait se fondre d'amour. Lorsque les horloges
sonnèrent minuit, le confesseur lui apporta la
divine Eucharistie, et la lui donna, pour la première fois en forme de Viatique, en présence de
toute la communauté. La présence de son Bien-
Aimé dans son cœur la réjouit beaucoup et sembla lui rendre ses forces; mais presque aussitôt

après, le mal devint extrême, et l'on fit remonter en toute hâte le confesseur, pour l'assister dans ses derniers moments. Cependant deux heures s'écoulèrent encore sans qu'elle rendît son âme, et la cloche sonna la messe à laquelle les religieuses avaient coutume de communier. Le confesseur descendit pour la dire ; mais à peine avait-il pris les ornements sacrés, qu'on vint lui dire que Magdeleine rendait les derniers soupirs. Il éprouva quelque embarras, et ne savait trop ce qu'il devait faire, lorsque la divine Providence lui suggéra un moyen de tout accommoder : « Allez, dit-il, défendre à la mère Magdeleine, en vertu de la sainte obéissance, de mourir avant que la messe soit dite et que ses sœurs aient communié.

O merveille de cette obéissance religieuse dont la puissance n'est communément pas assez appréciée ! à peine Magdeleine eut-elle reçu ce commandement, qu'elle revint comme d'un profond sommeil, et parut reprendre des forces. Il y a plus : interrompant le silence qu'elle gardait forcément depuis plusieurs heures, elle dit d'une voix claire et joyeuse : « *Dieu soit béni.* » Puis elle demanda à boire, et tournant les yeux du côté où étaient ses sœurs, elle dit à la mère Marie Pacifique : « Je rends grâces à Dieu de ce qu'il me » laisse sans joie et sans consolation jusqu'à la » fin. C'est assez pour moi d'exécuter son bon

» plaisir et de me sauver. Du reste, je renonce
» de bon cœur à toute consolation spirituelle. »
Tandis qu'elle achevait de détruire la nature par
ces actes de renoncement, le confesseur rentra
avec toutes les religieuses, et celles-ci s'étant
mises à genoux autour de son lit, recommencè-
rent leur psalmodie en pleurant et en sanglotant,
afin de lui donner la consolation de mourir au milieu des louanges de Dieu, qui pendant toute sa
vie avaient fait ses plus chères délices. L agonie
se prolongea pendant la majeure partie du jour,
et ce jour était un vendredi. Magdeleine n'avait
garde de l'oublier, puisqu'elle était couchée sur la
croix comme son divin Maître, en proie à tous les
tourments de l'âme et du corps. Enfin, à l'heure
même où Jésus rendit sa belle âme à son Père,
l'âme de Magdeleine quittant la terre, s'envola
dans le sein de Dieu. Elle fit cette mort précieuse
à l'âge de quarante-un ans, deux mois et vingt-
quatre jours, le 25 mai de l'année 1607, après
avoir passé dans la religion vingt-quatre ans, cinq
mois et vingt-cinq jours.

CHAPITRE XXVII.

Ce qui se passa après la mort de Magdeleine. Sa sépulture
et ses miracles.

Aussitôt après son trépas, son corps, décharné par ses austérités et les douleurs de la maladie, reprit l'embonpoint et la fraîcheur de la jeunesse, et son visage pâle devint si vermeil et si beau, qu'on ne pouvait se lasser de la contempler. Les personnes les plus timides n'éprouvaient en la voyant aucun effroi ; au contraire, elles se sentaient intérieurement réjouies et fortifiées d'une façon tout extraordinaire. La religieuse qui l'avait insultée sur son lit de mort était présente, et elle fut la première à éprouver les effets de son pouvoir et de sa charité. Jamais cette malheureuse n'avait pu souffrir notre sainte. Tout lui déplaisait en elle, ses ravissements comme ses vertus; mais la voilà tout à coup, touchée de componction, qui reconnaît son erreur, confesse ses torts et proclame l'entrée de Magdeleine dans la gloire.

Les religieuses, après s'être réjouies du bonheur de Magdeleine, venant à réfléchir sur la grandeur de cette perte, payèrent le tribut à leur juste douleur, et elle fut aussi profonde qu'universelle. Les novices et les jeunes personnes perdaient en elle une maîtresse à qui elles devaient leurs vertus, toutes une supérieure qui les avait gouvernées avec autant de bonté que de sagesse. Elles se rappelaient ses instructions, ses exemples, et surtout sa tendre charité. Tous ces souvenirs venant successivement déchirer leur cœur, on les voyait s'approcher les unes après les autres du lit funèbre, contempler en soupirant, en sanglotant, cet ange de vertus, puis se jeter sur son saint corps qu'elles arrosaient de leurs pleurs. Ce fut, pendant quelque temps, un spectacle vraiment déchirant. Cependant cette douleur, malgré sa vivacité, était mêlée d'une grande consolation spirituelle : aussi vit-on bientôt toute cette famille tomber à genoux, quoique sans concert, chacune suivant en cela le mouvement de son cœur; et les idées lugubres faisant place à la pensée de sa gloire, les physionomies changèrent de telle sorte, qu'on aurait cru assister à la fête de cette sainte plutôt qu'à sa mort. On revêtit le saint corps de toute sa parure religieuse ; on le couvrit de fleurs ; puis, après avoir chanté l'office des morts, selon la coutume, on le déposa dans la salle du chapitre, où il demeura le reste du jour et la nuit d'après. Pendant tout ce temps, il ne fut jamais abandonné. Beaucoup de religieuses ne désemparèrent pas jusqu'à la nuit. D'autres y passèrent la nuit tout entière. Les unes priaient autour du cercueil, les autres contemplaient la beauté céleste de son visage. Un plus grand nombre chantèrent des hymnes et des cantiques qui ne discontinuèrent pas jusqu'au lendemain. A dix heures du matin, le corps fut placé dans l'église, devant la grille du chapitre, et là le père confesseur fit un discours spirituel à la louange de la servante de Dieu, à qui ses vertus avaient mérité la couronne éternelle.

Le lendemain matin, on ouvrit les portes de l'église, où le peuple, averti de sa mort, se précipita en foule. On se pressait autour du saint corps. Les uns jetaient sur lui des fleurs, les autres touchaient ses vêtements, d'autres les baisaient avec une dévotion inimaginable. Ensuite on s'avisa de ramasser les fleurs qui l'avaient touchée ; et alors il fallut l'en couvrir perpétuellement pour contenter tout le monde. On en serait venu à déchirer ses vêtements, si l'on ne s'était hâté de placer des gardes autour du catafalque pour maintenir l'ordre. Cependant la foule ne discontinuant pas, on laissa l'église ouverte jusqu'au soir, pour donner à tout le monde la liberté de voir cette sainte mère ; et, pendant tout ce temps, la foule ne cessa pas d'accourir et de crier : « Sœur Magdeleine est bienheureuse et sainte. » Vers le soir, les gens de la campagne s'étant joints aux habitants de la ville, il y eut un tel encombrement qu'on craignait que tout fût brisé. Alors on fit évacuer l'église et on ferma les portes. Quelques hommes cependant y étaient restés, parmi lesquels se trouvaient le P. Claude Séripand, de la compagnie de Jésus, et un jeune homme connu pour sa conduite libertine. Celui-ci s'étant avisé d'aller se placer à côté du saint corps pour le voir de plus près, s'aperçut que la sainte détournait la tête ; il se troubla et changea de couleur. Le père, qui avait remarqué le mouvement de la sainte et le trouble du jeune homme, s'approcha et lui dit : « Vous voyez, mon enfant, que cette » vierge ne peut soutenir vos regards souillés par » un vice qui lui fait horreur. — Il est vrai, » mon père, répondit le jeune homme, touché » et contrit ; mais je mettrai fin à ma mauvaise » conduite. » En effet, quelques jours après, il fut

trouver ce même père, lui fit une confession géné-
rale de toute sa vie, et changea tellement de mœurs
qu'il mourut comme un saint, assez peu de temps
après. Mais la curiosité publique était loin d'être
satisfaite. Des troupes de nouveaux venus frap-
paient aux portes à coups redoublés, et criaient
qu'ils voulaient voir la sainte. De peur de violence, on prit le parti de les contenter, et on ouvrit donc une porte, et on alluma les cierges pour
satisfaire leur dévotion ; après quoi, ils se retirèrent et les portes furent fermées de nouveau. Pour
éviter le tumulte du lendemain, on se décida à
procéder, dans la nuit même, à sa sépulture.
Après l'avoir revêtue d'une double robe, d'un
double scapulaire et d'un double manteau, afin
de rendre cette vêture plus durable, ses sœurs
l'enfermèrent dans le cercueil, et le mirent en
terre derrière le maître-autel, avec tous les honneurs dont cette servante de Dieu était si digne.

Dès le lendemain, le peuple se porta en foule
à son tombeau, et ce commerce continua dans la
suite. Or, ce n'était plus la simple curiosité qui
amenait cette foule, c'était la dévotion, c'était
le désir de l'honorer et de se recommander à ses
intercessions, comme si elle avait été déclarée
bienheureuse et sainte. Alors on commença à
tourmenter les religieuses pour obtenir ses reliques ; ce qu'elles refusèrent constamment, jus-

qu'à ce que l'archevêque de Florence, Alexandre de Médicis, qui avait conçu une haute idée de la sainteté de Magdeleine, permit de satisfaire en ce point la dévotion dont cette sainte fille était l'objet. Les religieuses alors, pour contenter un plus grand nombre de personnes, divisèrent, autant que possible, tous les objets qui avaient été à son usage, et la multitude des merveilles dont ces objets furent les instruments servit à accroître dé plus en plus le nombre de ceux qui venaient en pèlerinage à son tombeau. Ce ne fut plus seulement la dévotion des Florentins, elle était partagée par le peuple des villes et des campagnes voisines. Toutes les routes étaient encombrées de pèlerins, et on en voyait quelques-uns qui quittaient leurs souliers à la porte de la ville, et marchaient nu-pieds jusqu'à son tombeau. Le plus grand nombre apportait des rosaires, des chapelets et autres objets pieux, pour les déposer sur la tombe qui couvrait sa dépouille mortelle. Et bientôt il n'y eut presque pas de maison dans la ville et aux alentours qui ne possédât son portrait. Les religieuses voyant une si grande ferveur dans le peuple, commencèrent, en 1609, à célébrer solennellement l'anniversaire de sa mort, avec une telle affluence que l'église ne la pouvait contenir. Au peuple se joignirent les princes souverains de Florence, qui vinrent non-seulement ce jour-là, mais en plusieurs autres rencontres, honorer le saint corps. Le duc de Mantoue vint deux fois se prosterner sur sa tombe. Sa réputation de sainteté se répandit tellement dans les monastères de l'Italie, que, dans plusieurs d'entre eux, par exemple chez les Dominicains de Lucques et les Carmélites de Montferrat, on célébra sa fête plusieurs années avant sa béatification. A peu près dans le même temps, il fut question chez des religieuses de Bruxelles d'ériger un autel en son honneur. En 1610, un sculpteur de Parme s'obligea par vœu à lui en élever un. Trois éditions de sa vie épuisées en deux ans, deux traductions répandues en Angleterre et en Espagne, propagèrent singulièrement la bonne odeur de ses vertus et la confiance en ses mérites. C'est ainsi que Dieu prit plaisir à manifester la sainteté de cette humble servante qui fut toujours si attentive à se cacher aux yeux des mortels, vérifiant ainsi cette sentence de l'Évangile : *Quiconque s'abaisse sera élevé.*

Dieu faisait encore éclater sa gloire par les miracles qui s'opéraient soit à son tombeau, soit par le moyen de ses reliques. On en compta dix-neuf dans la seule ville de Florence, pendant l'année de sa mort. Les actes authentiques en furent dressés par un notaire public, signés par beaucoup de témoins dignes de foi, et déposés au secrétariat de l'archevêché de Florence. C'étaient une conversion dont nous avons parlé, une délivrance du démon, et dix-sept guérisons de malades. Elle en fit un bien plus grand nombre dans la suite ; mais je ne m'engage à raconter que ceux qui me sembleront les plus intéressants.

Un an après sa mort, un événement attira de nouveau sur notre sainte la vénération publique, et accrut singulièrement l'opinion qu'on avait de sa sainteté. Le confesseur du monastère ayant remarqué que le lieu où l'on avait déposé le saint corps était très-humide, parce que les fondements du mur qui le bordait étaient constamment mouillés, soit par les eaux qui descendaient du toit de l'église, soit par les infiltrations d'un puits voisin, se sentit fortement inspiré de l'ôter de là pour le placer dans un lieu plus décent. Ayant obtenu pour cela la permission de l'archevêque, il fit lever le sarcophage, le 27 mai de l'année 1608, qui était précisément le jour anniversaire de la sépulture de notre sainte ; lorsqu'on l'eut ouvert, le saint corps fut trouvé dans un très-bel état de conservation, au grand étonnement des religieuses ; car elles savaient toutes qu'aucune précaution n'avait été prise pour l'empêcher de se corrompre. Il n'avait été en effet ni vidé ni embaumé, et le lieu où on l'avait déposé était plus propre que tout autre à la résoudre en pourriture. On pouvait en juger par l'état du sarcophage qui était tout humide et celui des vêtements qui tombaient en lambeaux, sitôt qu'on y touchait. Cependant aucune mauvaise odeur ne s'exhalait de ce corps virginal. Il en sortait, au contraire, un parfum très-suave. Tous les membres étaient non-seulement entiers, mais flexibles, comme si la sainte venait d'expirer. Il n'y avait d'altération qu'au visage, qui avait pris une couleur noirâtre, et dont le nez et la lèvre inférieure annonçaient un commencement de dissolution. On porta processionnellement ce saint corps dans la chambre qu'elle avait occupée pendant les cinq années de sa maladie, et qui depuis avait été changée en oratoire. Là, les religieuses le couvrirent de riches habits de soie et le placèrent dans un sarcophage plus décent, en attendant qu'elles lui fissent faire une châsse tout à fait convenable. Huit jours après, elles furent toutes témoins d'un nouveau prodige qui vint redoubler leur admiration. De ses deux genoux commença à sortir une liqueur huileuse d'une odeur extrêmement agréable et qui, en baignant ses habits, leur communiquait son parfum. Les religieuses, voulant recueillir cette liqueur et ne sachant comment faire, prirent le parti de placer sous ses jambes des linges blancs, qu'elles retiraient bientôt humectés, et les distribuaient ensuite aux personnes dévotes qui demandaient de ses reliques. Je dirai d'avance que cette distillation précieuse continua pendant douze ans, c'est-à-dire, depuis 1608 jusqu'à 1620, qu'elle cessa tout à fait. Pendant ce long laps de temps, le saint corps conserva toute son intégrité, et tous ses membres étaient embaumés de cette huile miraculeuse. L'estomac surtout exhalait une odeur si délicieuse, qu'aucun parfum connu ne pouvait lui être comparé. Tel fut le témoignage des médecins, qui, pour dresser leurs procès-verbaux tant informatifs que rémissoires, visitèrent souvent, et avec une grande attention, ce sacré dépôt. Ils affirmèrent, avec serment, que tant l'intégrité du corps que la liqueur qui en sortait ne pouvaient venir que d'une cause surnaturelle; et leur jugement, après avoir été sévèrement discuté par le tribunal de la rote, fut enfin approuvé par les cardinaux de la sacrée congrégation des Rites, chargée de tout ce qui tient à la canonisation des saints.

CHAPITRE XXVIII.

Exposition publique du saint corps de Magdeleine trois ans après sa mort, et quelques miracles qui la suivirent.

LE cardinal Gonzague, qui demeurait à Mantoue, ayant lu la vie de notre sainte et entendant parler continuellement des miracles qu'elle ne cessait d'opérer, conçut pour elle une dévotion très-tendre. En conséquence, il commença par faire venir de Florence un tableau fort ressemblant et un morceau de ses habits ; ensuite passant par cette ville pour se rendre à Rome, il y demeura plusieurs jours, et pendant ce temps, sa dévotion s'étant beaucoup accrue pour la bienheureuse mère, il ne voulut pas quitter la ville sans s'être procuré la satisfaction de contempler son corps. Ayant obtenu, à cet effet, la permission de l'archevêque, il fit élever dans l'église une estrade sur laquelle fut placée la châsse qui renfermait ce sacré dépôt. Cette châsse, construite en forme d'arche, était de bois, richement sculptée, et toute dorée. Sur son sommet, aux deux extrémités, étaient deux anges aussi de bois doré, dont l'un tenait en main une couronne de lauriers, symbole des nombreuses victoires qu'elle avait remportées sur les démons ; et l'autre une branche de lis, qui rappelait sa pureté sans tache. Tout l'intérieur était revêtu d'une feuille de plomb doré, et le devant était fermé d'une grille fort riche, au travers de laquelle on apercevait le saint corps magnifiquement vêtu et couché sur un lit de repos d'une grande beauté. Cette arche était le produit des dons offerts à la sainte à cet effet; et la générosité fut si grande, qu'on crut devoir refuser la plus grande partie des sommes offertes, sans quoi il est certain qu'au lieu d'une châsse de bois, on eût pu faire une châsse d'or.

Le corps était dans le même état de conservation que lorsqu'on le sortit de son premier sarcophage; ce qui, au dire des médecins, était un miracle toujours existant. Il exhalait une odeur suave produite par cette liqueur qui ne cessait pas de couler de ses membres et d'humecter ses vêtements. Ceux-ci, conformes, quant à la couleur, à l'habit ordinaire des religieuses du monastère, avaient été faits d'une étoffe de soie, afin qu'ils se conservassent plus longtemps; et ils étaient parsemés de fleurs. Mais il n'y en avait jamais assez pour contenter les désirs de tous ceux qui les réclamaient comme des reliques. Ce que l'on admira surtout dans cette circonstance, ce fut l'air de majesté de ce visage, que l'on ne pouvait regarder sans se sentir pénétré d'une componction profonde et d'une tendre dévotion. Sur le toit de l'arche, entre les deux anges, était exposé le portrait ressemblant de la sainte, et à son encadrement étaient suspendus des *ex voto* d'argent en grand nombre, offerts par les malades qui lui devaient leur guérison.

Lorsque tous ces préparatifs furent achevés, les religieuses envoyèrent prévenir le cardinal, qui se rendit avec empressement dans l'église. Il serait difficile de rendre la joie de ce prélat à la vue de ce saint corps et toutes les démonstrations de son respect et de sa tendre dévotion. Il confessa publiquement qu'il était redevable à Marie-Magdeleine de beaucoup de grâces et de faveurs spirituelles, en reconnaissance desquelles, il fit don d'une lampe d'argent, pour qu'elle brûlât continuellement devant son tombeau. Ensuite il voulut voir les religieuses et les entendre raconter les vertus de cette vierge sacrée; ce qui lui procura tant de plaisir et de dévotion, qu'il pria la communauté de la laisser exposée jusqu'au lendemain, afin qu'il eût la consolation de venir encore une fois contempler cette sainte fille et lui rendre ses hommages. Cependant le bruit s'étant répandu dans la ville que le saint corps était exposé à découvert, l'église se remplit d'une telle foule qu'il fallut placer des gardes pour empêcher le peuple de déchirer ses vêtements et peut-être de le mettre en pièces. Ce concours s'accrut tellement les jours suivants, que la place qui est devant le monastère regorgeait sans cesse de gens qui entraient et sortaient, en poussant des cris de joie et invoquant à haute voix la sainte Marie-Magdeleine. Plusieurs femmes possédées par des démons furent amenées devant ses reliques, et là ces malins esprits étaient forcés d'avouer, avec d'horribles hurlements, qu'elle était bienheureuse et sainte. Ils le confessaient plus hautement encore par leurs actions; car, ne pouvant soutenir sa présence, ils fermaient les yeux, détournaient leur tête et voulaient s'enfuir. Cependant ces pauvres femmes ne furent pas délivrées, parce que le concours et le bruit du peuple empêchèrent de faire les exorcismes auxquels quelques démons promettaient déjà d'obéir.

Le grand duc de Florence, Côme de Médicis,

ayant entendu parler de la merveille, voulut accompagner le cardinal Gonzague dans sa seconde
visite. Il vint donc accompagné d'une foule de
grands seigneurs, qui tous, après avoir longtemps contemplé le saint corps, s'inclinèrent religieusement devant lui. On leur offrit quelques-
unes des fleurs renfermées dans la châsse : ils les
reçurent avec une grande joie, et rendirent grâces à
Dieu des miracles qu'il multipliait pour attester
la sainteté de sa servante. Cette visite du prince
ayant attiré toute la population de la ville, il dut
laisser une partie de ses gardes pour protéger le
sacré dépôt et empêcher que quelques personnes
fussent étouffées dans la foule. Dès-lors tout se
passa avec plus d'ordre, et le saint corps fut laissé
exposé pendant deux jours encore pour achever
de satisfaire la dévotion des habitants : mais l'affluence ne diminuant pas, les religieuses recoururent à l'archevêque pour obtenir la permission
de rentrer le sacré dépôt dans le monastère ; ce
qui fut fait, et la foule diminua insensiblement.
L'archiduchesse d'Autriche, Marie-Magdeleine,
vint aussi dans le monastère avec la grande-duchesse de Florence, contempla le saint corps avec
une grande dévotion, et lui fit un magnifique présent. Cette solennité fut suivie d'une quinzaine
de miracles opérés sur des malades par l'applica-

tion de quelques objets dont elle s'était servie. Je les passe sous silence, parce que je n'y vois qu'une répétition des mêmes faits qui finirait par ennuyer le lecteur : mais j'en raconterai un d'un autre genre, qui s'opéra en 1610.

A cette époque, on lisait dans un couvent de Bénédictines, à Bruxelles, la vie de notre sainte, traduite en anglais par le chevalier Tobie Mathœi. Les religieuses, qui étaient assez relâchées, frappées de si beaux exemples, reprirent une telle ferveur pour l'observance religieuse, que beaucoup d'entre elles demandèrent leur réformation. Quelques-unes cependant s'opposèrent à ce désir si sage et si salutaire ; mais Dieu trouva le moyen de rompre leur opiniâtreté, et voici comment. Il inspira aux premières de promettre, par vœu, à Marie-Magdeleine d'élever un autel sous son nom dans leur monastère, si elle leur procurait la faveur qu'elles sollicitaient. A peine ce vœu fut-il fait, que les opposantes, converties tout à coup, entrèrent dans leurs vues. La réforme se fit donc paisiblement, et l'autel fut érigé, selon la promesse.

J'ajouterai encore un seul fait. Ferdinand, duc de Mantoue, guéri subitement d'un anévrisme par l'invocation de la sainte, envoya au monastère un cœur d'or qui portait cette inscription : *Symbole du cœur de Ferdinand, sixième duc de Mantoue et quatrième de Montferrat, dédié à la bienheureuse vierge Marie-Magdeleine de Pazzi.*

CHAPITRE XXIX.

Béatification de Marie-Magdeleine, suivie de quelques miracles intéressants.

LLE continua à opérer de nouveaux miracles pendant les années suivantes. Les auteurs de sa vie qui ont recueilli les principaux, racontent quarante-cinq guérisons opérées par son invocation ou par l'application de ses reliques ; mais je n'y vois rien d'assez marquant pour m'engager à les rapporter. Cette longue suite de merveilles ayant attiré l'attention de la cour romaine, elle fit faire des procès d'information à Florence, à Lucques et à Parme, par les ordinaires des lieux, conformément au décret de Paul V. Le pape Urbain VIII, en ayant pris connaissance, approuva les procédures et déclara Marie-Magdeleine bienheureuse, comme le prouve le décret suivant :

« Urbain, pape, VIIIe du nom, pour que la
» mémoire en soit perpétuelle, établi par le Sei-
» gneur sur le siége du prince des apôtres, quoi-
» que sans aucun mérite de notre part : nous ac-
» cueillons volontiers les pieux désirs des fidèles,
» qui ont pour objet l'honneur de Dieu dans ses
» saints, et nous les favorisons autant que nous
» voyons que cela est expédient pour sa gloire.
» C'est pourquoi, notre cher fils Ferdinand,
» grand-duc d'Étrurie, et nos chères filles en
» Jésus - Christ, Marie - Magdeleine, archidu-
» chesse d'Autriche, et Christierne de Lorraine,
» grande-duchesse d'Étrurie, la prieure et les
» religieuses du monastère de Sainte-Marie-des-
» Anges, situé dans le faubourg de Saint-Frigi-
» dien de la ville de Florence, nous ayant ex-
» posé dernièrement que la servante de Dieu, de
» bonne mémoire, Marie-Magdeleine de Pazzi,
» florentine, religieuse dudit monastère, fut il-
» lustrée par d'excellents dons de vertus, de
» grâces et de miracles, de la part du Seigneur;
» et nous ayant fait supplier humblement de
» permettre, jusqu'à ce que l'honneur de la ca-
» nonisation ait été décerné à ladite servante de
» Dieu, Marie-Magdeleine, par le siége aposto-

» lique, sous l'inspiration de la grâce divine, à
» cause de ses mérites excellents, qu'on lui
» donne le titre de bienheureuse, et qu'on puisse
» célébrer une messe et réciter un office en son
» honneur; après avoir fait examiner la question
» avec maturité, par nos vénérables frères les
» cardinaux préposés aux sacrés rites; de l'avis
» des mêmes cardinaux, nous rendant favorable
» auxdites suppliques, nous avons accordé et ac-
» cordons à perpétuité, par notre autorité apos-
» tolique et la teneur des présentes, que cette
» même servante de Dieu, Marie-Magdeleine,
» soit appelée désormais bienheureuse, et que
» dans toutes les églises de la ville de Florence,
» et ici, à Rome, pour cette année seulement,
» dans l'église de saint Jean-Baptiste des Flo-
» rentins, où la solennité de sa béatification sera
» célébrée, tous prêtres, tant séculiers que ré-
» guliers, puissent réciter en son honneur l'of-
» fice et célébrer la messe du Commun d'une
» vierge non martyre, le jour de sa mort, ou un
» autre jour suivant, qui ne soit pas empêché.
» Donné à Rome, le 8 mai de l'année **1626**,
» de notre pontificat la troisième. »

Après ce décret de béatification, il arriva un
miracle on ne peut plus mémorable, consigné à
Florence dans un procès-verbal dont voici la teneur : Le **23** mai de l'an **1626**, lorsque les reli-

gieuses de Notre-Dame-des-Anges préparaient la fête de la bienheureuse, elles eurent l'idée d'élever, derrière le maître-autel, une montagne en bois, ornée de nuages et de peintures, qui représentait la gloire du paradis. Soixante lampes furent disposées de manière à mettre ces nuages en feu et à éclairer le reste de la montagne par la réflexion de leur lumière. Il fallait beaucoup d'huile pour les entretenir, et les religieuses n'en avaient qu'une petite quantité dans un très-grand vase, encore sentait-elle si mauvais qu'on ne pouvait en supporter l'odeur; mais la divine Providence pourvut à leur besoin. Lorsqu'il s'agit de fournir les lampes, le vase, d'environ trois muids, se trouva plein d'une huile claire et pure qui brûla sans aucun pétillement et sans mauvaise odeur. Pendant quinze jours que dura la fête, deux sœurs converses en remplirent chaque jour sept à huit cruches pour alimenter les lampes et fournir aux besoins de la maison. Et, malgré cette dépense, elles y trouvèrent encore de quoi remplir seize cruches, lorsque la fête fut terminée.

Un fait pareil arriva dans le monastère en 1654. La stérilité fut si grande cette année-là, que l'huile était extrêmement rare et se vendait à un si haut prix, que le pauvre monastère ne pouvait en acheter. A la fin du mois d'août il n'en restait que deux pots et demi pour les besoins de la cuisine et pour les lampes. Alors, deux sœurs converses, nommées Obéissance et Charité, qui suppléaient la dépensière malade, recoururent à un expédient que leur foi fit réussir. Elles mirent sur une table un vase énorme dont elles frottèrent le fond avec un peu de cette huile miraculeuse dont nous avons parlé. Ensuite, ayant collé à la muraille une image de la bienheureuse, elles se mirent à genoux et implorèrent son crédit auprès de Dieu, pour que ce vase donnât de l'huile assez abondamment pour fournir aux besoins de la maison jusqu'à la nouvelle récolte. Cette prière fut si puissante, que depuis ce jour jusqu'au 15 décembre, le vase fut toujours plein. Or, cette huile, divinement multipliée, ne servit pas seulement aux besoins de la communauté, elle devint encore l'instrument de beaucoup de miracles, parmi lesquels j'en choisis quelques-uns qui me semblent mériter d'être rapportés.

Une enfant de huit ans, qui plus tard fut religieuse de Notre-Dame-des-Anges, sous le nom de sœur Angèle-Marie-du-Crucifix, demeurant chez ses parents à la campagne, tomba un jour si pesamment sur un genou que la rotule en fut déboîtée. Elle voulut d'abord faire de cet accident un mystère; mais bientôt, vaincue par la douleur, elle tomba sur son lit et fut contrainte à confesser la vérité. Après un mois passé dans ce

triste état, ses parents, jugeant nécessaire de recourir au ministère d'un homme de l'art, l'ame-
nèrent à Florence. Le premier chirurgien qui fut
consulté jugea la cure fort difficile. D'autres, **au**
lieu de donner quelque espoir de guérison, pen-
sèrent que le mal irait toujours en s'aggravant, à
mesure que la malade avancerait en âge, ce qui
ne manqua pas d'arriver comme ils l'avaient pré**vu**.
Il y eut cependant un mieux qui se prolongea assez longtemps pour qu'elle pût obtenir l'entrée
du monastère. Mais à l'âge de dix-sept ans une
tumeur se forma sur cette ancienne blessure et
devint si sérieuse, que pendant dix-huit mois il lui
fut tout à fait impossible de fléchir le genou. Les
médecins employèrent plusieurs remèdes, qui
firent fondre cette tumeur, mais en laissant cette
partie si douloureuse qu'elle ne pouvait qu'à grande
peine fléchir le genou autant qu'il le fallait, non-
seulement pour s'asseoir, mais même pour marcher. Quatorze ans après, son genou s'enfla de
nouveau, mais d'une manière si grave qu'elle ne
pouvait ni quitter le lit, ni supporter le plus lé-
ger contact. Ce dernier accident lui arriva au
commencement de mai de l'année **1663.** Elle
souffrit cruellement jusqu'au 23 du même mois,
sous-veille de la fête de notre bienheureuse. Ce
jour-là elle arracha l'inutile cataplasme prescrit
par le médecin et demanda, non pour la première

fois, mais beaucoup plus instamment qu'à l'ordinaire, qu'on la portât au sépulcre de la bienheureuse mère, persuadée qu'elle y trouverait
patience ou guérison. La supérieure et les infirmières auraient bien voulu lui donner cette consolation; mais, sachant par expérience que le
moindre mouvement augmentait ses douleurs,
elles remettaient tous les jours ce service au lendemain pour lui épargner un surcroît de souffrances. Cependant, gagnées par ses instances,
elles la sortirent un jour de son lit, l'assirent sur
un siége à roulettes, et l'une d'entre elles sou-
tenant sa jambe malade, les autres la traînèrent
pendant assez longtemps dans sa chambre, par
manière d'essai. Ensuite elles la recouchèrent,
mais en lui disant que, puisqu'elle avait bien
soutenu cette épreuve, elles ne manqueraient pas,
au jour de la fête de la bienheureuse mère, de
satisfaire sa dévotion. Cette promesse la remplit
de joie, et le lendemain 24, veille de cette fête,
elle communia dans son lit pour se préparer à
cette grâce, objet de ses désirs. Ensuite elle pria
la sœur Marie Strozzi, d'appliquer sur son mal
un peu d'huile de la sainte; mais cette sœur ayant
été occupée tout le jour, ne put revenir auprès
d'elle qu'à la troisième heure de la nuit. Elle se
mit un instant en prière avec la malade, oignit
son mal avec la sainte huile et se retira. Le temps

nécessaire pour réciter un *Credo* s'était à peine écoulé, lorsqu'elle sentit, à l'endroit de la tumeur une petite chaleur accompagnée d'une démangeaison plutôt agréable que douloureuse : elle y porta la main et s'aperçut qu'il s'était fait une ébullition abondante, et que la tumeur avait disparu. Vingt minutes après, elle put remuer sa jambe dans tous les sens et sans aucune peine, ce qu'elle n'avait pu faire depuis dix-sept ans. Elle se leva toute joyeuse, se mit à genoux pour rendre grâce à la sainte, demeura une demi-heure dans cette posture inaccoutumée ; après quoi, ne pouvant plus douter de sa guérison, elle eut une forte envie d'aller prier sur le sépulcre de sa bienfaitrice. Elle ne le fit pourtant pas, parce qu'elle se souvint que les circulations nocturnes dans le monastère étaient défendues par les constitutions.

Après avoir promis à notre bienheureuse de lui faire cette visite le lendemain matin, elle se remit sur son lit : mais ne pouvant dormir et repassant dans son esprit ce qui venait de se passer, il lui survint un doute : « Est-ce bien la sainte » qui m'a guérie, se dit-elle à elle-même ? L'huile » n'a-t-elle pas naturellement la vertu de produire un semblable effet ? » La pauvre fille ne s'aperçut pas que c'était une tentation. Voulant donc éclaircir son doute, elle prit avec le doigt un peu d'huile de la lampe et en oignit son genou.

Le châtiment suivit de près la faute ; car l'inflammation revint aussitôt avec les mêmes douleurs et la même impuissance de mouvement qu'avant la guérison. Je n'ai pas besoin de dire quels furent alors sa confusion et les remords de sa conscience. Elle fondit en pleurs, et, persuadée que le miracle qu'elle venait de rendre inutile, ne se reproduirait plus désormais, elle passa la nuit dans une douleur inconsolable. Lorsque le jour fut venu, les infirmières étant venues lui demander si elle persistait à vouloir visiter le tombeau de la bienheureuse, elle répondit affirmativement. Elles sortirent aussitôt pour préparer ce qui était nécessaire. Pendant ce temps-là, Angèle sentant revivre toute sa confiance, appliqua sur son genou quelques gouttes de l'huile sainte qu'on lui avait laissée ; au même instant, elle sentit, comme la première fois, une chaleur accompagnée d'un écoulement considérable, et sa jambe désenflée put se mouvoir sans peine et sans douleur. Cependant les infirmières étant rentrées, l'habillèrent et approchèrent la chaise sur laquelle elles devaient la transporter : mais quelle fut leur surprise, lorsqu'elles la virent se lever seule et marcher d'un pas assuré ! Au lieu de la traîner, elles la suivirent au sépulcre, où s'étant mise à genoux, elle entendit trois messes sans changer de position. Dans l'après-midi, elle demeura debout pendant tout le temps des vêpres, au grand étonnement, non-seulement des religieuses, mais des médecins et chirurgiens présents, qui déclarèrent la guérison miraculeuse, 1°. parce qu'elle était instantanée ; 2°. parce que l'huile de la bienheureuse et l'huile naturelle avaient produit un effet contraire ; 3°. parce que le mouvement que la malade s'était donné pour descendre à la chapelle devait accroître son mal au lieu de le guérir. La suite vint encore fortifier ces preuves ; car elle ne se ressentit plus le reste de sa vie de cette infirmité, quoiqu'on l'appliquât sans choix à tous les genres de service du monastère.

En 1660, la dépensière s'aperçut, au mois d'août, que le froment, tant ancien que nouveau, que contenaient les greniers du monastère, était tellement échauffé et corrompu, que les vers s'en nourrissaient et menaçaient de n'en rien laisser. Après avoir inutilement employé tous les moyens pour les détruire, les mères recoururent à la bienheureuse dont elles avaient déjà éprouvé tant de fois la puissante intercession. Elles aspergèrent les greniers avec son huile miraculeuse, en multipliant les signes de croix, son image à la main ; en la priant avec instance de leur conserver ces grains destinés à les nourrir. Dès ce moment l'échauffement cessa : les vers disparurent, et elles n'eurent plus à craindre la disette dont elles étaient menacées. Dans la même année, je ne sais quelle maladie sur les vins corrompit toute la provision du monastère ; mais il suffit d'introduire dans les vaisseaux quelques gouttes de la sainte huile pour lui rendre sa qualité. Dix-neuf ans après, vingt barriques de vin se gâtèrent encore, et l'huile miraculeuse était épuisée. La prieure, persuadée que la bienheureuse n'en était pas réduite à cet unique moyen de les protéger, fut puiser de l'eau au puits voisin de son sépulcre et descendit à la cave avec la maîtresse des novices, en lui disant qu'elle allait en répandre dans les vaisseaux. Mais ne pouvant venir à bout de les ouvrir, la mère prieure se contenta de faire avec cette eau une aspersion sur les barriques. C'en fut assez : ce vin détérioré devint si bon, que jamais le monastère n'en avait eu de semblable. Pour compléter la merveille, un baril de vin, réduit exprès en vinaigre, revint à son premier état.

Quelques années auparavant, la dépensière avait ramassé, pendant l'hiver, douze cents œufs pour la provision du monastère. Je ne sais par quelle fatalité beaucoup de ces œufs se trouvèrent gâtés dès la fin du mois de mai, mais tellement gâtés qu'ils exhalaient une odeur infecte. La dépensière les jeta dehors, à son grand regret, et pour comble d'infortune, une altération visible dans la couleur des autres lui annonçait qu'ils allaient se corrompre également. Dans cette extrémité, l'huile miraculeuse lui revenant à la mémoire, elle courut y plonger un pinceau et revint faire une onction sur chacun de ces œufs. Quelques jours après, ayant eu besoin d'en donner aux sœurs de la cuisine, elle eut l'agréable surprise de les trouver transparents comme s'ils eussent été tout frais, et pendant tout l'été ils se conservèrent dans ce bon état de fraîcheur, ce qui lui inspira pour la sainte une vive reconnaissance. On en conserva quelques-uns assez longtemps, comme preuves du miracle, et plusieurs malades qui en mangèrent se trouvèrent subitement guéris.

CHAPITRE XXX.

Changement de monastère, translation du saint corps et sa
conservation jusqu'en 1663.

———

'AN 1627, le cardinal Barberin, neveu
du pape Urbain VIII, revenant de sa
légation d'Espagne et passant par
Florence, daigna visiter le monastère,
où il avait deux sœurs. Les ayant trouvées
toutes deux dans un état de santé déplorable, qui
venait de l'insalubrité de la maison, beaucoup
trop resserrée et sujette aux inondations fréquentes
d'une rivière voisine, il n'eut rien de plus pressé,
en arrivant à Rome, que d'exposer au pape la
triste situation de cette communauté. Le pape en
fut touché; et voulant les tirer d'une position pré-
judiciable, non-seulement à leur santé, mais à

l'observance religieuse, il prescrivit, de son propre mouvement, un échange de cette maison avec un monastère de l'ordre de Cîteaux, beaucoup plus vaste, et occupé par un petit nombre de religieux. Il fit dresser sur-le-champ un acte authentique de permutation. L'année tout entière fut employée par les religieuses de Sainte-Marie à accommoder cette nouvelle maison à leurs usages ; quand tout fut prêt, leur première pensée fut d'exhumer les corps de leurs défuntes et de les faire transporter dans le couvent dont elles allaient prendre possession. Après avoir obtenu la permission de l'archevêque, elles recueillirent les os de la vénérable Marie-Bagnésie et ceux de toutes les anciennes mères, les renfermèrent dans plusieurs coffres fabriqués à cet effet ; et le confesseur et le chapelain en accompagnèrent le transport, pendant les ténèbres de la nuit, dans le nouveau couvent, où ils furent déposés dans un caveau préparé pour la sépulture des religieuses.

Quatre jours après, c'est-à-dire, le 7 décembre 1628, elle procédèrent à la translation de la bienheureuse mère Marie-Magdeleine, de la manière qui suit : le 6, sur le midi, le nonce du pape vint à l'église du monastère, accompagné du grand-vicaire de Florence, du prélat Magalotti, de deux chanoines, de l'archidiacre, de l'archiprêtre, de quatre sénateurs, d'un notaire et du chancelier de la nonciature. On plaça au milieu d'eux le corps de la bienheureuse, renfermé dans une châsse de cristal fermée de deux serrures et recouverte d'une autre châsse en bois, fermée d'une double clef et serrée de six liens de fer. Cette châsse était couverte d'un tapis de soie blanche ornée de riches broderies et environné de cierges. Lorsque toute l'assistance eut rendu, à genoux, ses religieux hommages au saint corps, le confesseur présenta au nonce les clefs de la châsse. Ce prélat l'ayant ouverte, y trouva en effet le corps de la bienheureuse vêtu de son habit religieux et couvert de fleurs. Tous les assistants, après l'avoir contemplé et reconnu, se mirent à genoux et lui rendirent de nouveaux hommages. Ensuite le nonce ferma lui-même les deux châsses, y fit remettre les liens de fer, sur les jointures desquels il fit appliquer son sceau, fixa l'heure de la sépulture et laissa deux de ses assistants avec ordre, 1°. de ne pas perdre de vue ce sacré dépôt, tandis qu'il demeurerait dans le monastère; 2°. de l'accompagner dans sa translation; 3°. de sceller la porte du lieu où il serait déposé dans la nouvelle maison. Lorsque le notaire eut dressé l'acte de reconnaissance dans la forme authentique, tous les témoins se retirèrent avec le nonce, hormis les deux députés qui reçurent les clefs du reliquaire et demeurèrent pour le garder.

Le lendemain 7, sur les dix heures, tous les témoins de la veille se réunirent à l'église, accompagnés d'un grand nombre d'ecclésiastiques et de séculiers. Après avoir honoré la bienheureuse, le notaire et le chancelier inspectèrent les sceaux, et les deux gardiens jurèrent qu'ils avaient passé la nuit auprès du dépôt, et que c'était bien le même qui avait été confié à leur vigilance. Alors les assistants prirent le saint corps et le sortirent de l'église, précédés de vingt-cinq ou de trente flambeaux allumés. Ils le portèrent pendant tout le trajet sur leurs bras, se relevant les uns les autres par intervalles, suivis d'un peuple nombreux qui paraissait pénétré de dévotion et observait le plus profond silence. Le cortége arriva, sur le midi, au nouveau monastère ; il entra par la porte principale, et fut déposer le saint corps dans un oratoire intérieur, sur une estrade recouverte d'un tapis. Ensuite ils firent fermer les fenêtres à demeure, puis la porte de l'oratoire à clef, et la scellèrent en six endroits. Enfin, ils établirent deux gardiens dans la chambre voisine, pour veiller jour et nuit à la garde du dépôt, jusqu'à ce que les religieuses fussent établies dans le monastère. Elles y vinrent le lendemain et y furent introduites par le nonce apostolique chargé de l'exécution du bref de Sa Sainteté. Ce jour était celui de la fête de la Conception immaculée de la sainte Vierge. Or, voici comment se fit cette translation.

Ce jour-là, qui était le 8 décembre 1628, le nonce se rendit au vieux monastère, accompagné du chapitre de la métropole, du notaire, du chancelier, du prélat Magalotti et de **D. Antoine**, confesseur de la communauté. A leur arrivée dans l'église, ils y trouvèrent l'archiduchesse d'Autriche et la grande-duchesse d'Étrurie, avec deux autres princesses qui étaient venues pour honorer de leur présence cette translation. Le nonce fit d'abord appeler la mère prieure, sœur Marie-Grâce de Pazzi, nièce de la bienheureuse, et lui demanda le catalogue exact des religieuses de sa maison, des novices et des converses. Après l'avoir reçu, il ordonna qu'au son de la cloche, toutes se réunissent dans un appartement voisin de la porte d'entrée. Lorsqu'elles s'y furent rassemblées, enveloppées dans leurs manteaux blancs et la tête couverte d'un voile noir d'une étoffe épaisse, le nonce fit approcher les carrosses le plus près possible de la porte, et fit l'appel nominal. A mesure qu'elles étaient appelées, elles se mettaient à genoux aux pieds de la mère prieure, pour recevoir sa bénédiction. Après avoir franchi le seuil de la porte, elles se faisaient bénir de nouveau par le nonce et le confesseur, puis montaient dans les voitures, où elles trouvaient quelques dames nobles de la ville, choisies pour les accompagner. Lorsque tous les carrosses furent arrivés à la porte d'entrée du nouveau monastère, elles attendirent, pour descendre, la venue du nonce et de ses nombreux assistants. Ensuite, elles furent introduites dans le couvent par leurs altesses l'archiduchesse d'Autriche et la grandeduchesse de Florence, et conduites à la chapelle de la bienheureuse mère, qui devait leur servir de chœur, jusqu'à ce que le nouveau fût achevé. Après avoir prié quelques instants, elles revinrent trouver le nonce, qui leur donna le titre de possession du monastère sous le nom de Sainte-Marie-des-Anges que portait l'ancien, et leur prescrivit la clôture perpétuelle. Il exigea encore de la mère prieure, sous la foi du serment, qu'elle lui présentât toutes les personnes entrées dans la maison, et l'appel qu'il en fit produisit le même nombre qui était sorti de l'ancien monastère. Il se retira ensuite avec tous ses assistants; et les religieuses demeurées seules rentrèrent à l'oratoire où elles chantèrent les vêpres et les complies, et remercièrent le Dieu de toute bonté de l'asile qu'il leur donnait; après quoi, elles se dispersèrent pour vaquer à l'arrangement du monastère. Le

13 du même mois, le nonce revint encore, accompagné de tous ses témoins, entra dans l'oratoire où reposait le corps de la bienheureuse, inspecta les serrures de la châsse, les liens et les sceaux, et trouva tout en bon état. Il brisa les sceaux, ouvrit la châsse, et après s'être assuré de la présence du corps, il le referma, en livra les clefs à la mère prieure, à charge d'en être la fidèle gardienne, fit dresser procès-verbal de tout ce qui s'était fait, et se retira.

Le saint corps demeura dans cet oratoire pendant dix mois, qui furent employés à construire de nouveaux bâtiments, à réparer et embellir l'église. Lorsque l'ouvrage fut achevé, les religieuses firent construire un autel dédié à la bienheureuse, en face de la grille du chœur où elles se réunissent pour l'office divin. Ensuite elles placèrent dans le creux de cet autel la châsse de cristal, au travers duquel on aperçoit la sainte, couverte d'une robe de soie noire et d'un manteau de drap d'argent, la figure et les mains découvertes, les doigts ornés de quatre anneaux précieux, une couronne d'argent sur la tête et un crucifix d'or sur la poitrine. Soixante-trois ans après sa mort, le visage et les mains ayant changé de couleur, on voulut voir si le corps avait subi quelque altération substantielle. Des juges envoyés par la sacrée congrégation des Rites firent ouvrir la châsse et s'assurèrent qu'au changement de couleur près, le saint corps était parfaitement conservé. Ils observèrent, non sans étonnement, que les membres étaient souples, les chairs molles, et que le parfum qui s'en exhalait sortait du corps même, et non des vêtements ; et cette odeur était si abondante, que l'église en fut bientôt tout embaumée et qu'elle pénétra jusque dans les cellules voisines. Ils remarquèrent enfin, assez longtemps après leur sortie, que leurs mains et leurs habits en étaient encore tout imprégnés. Depuis lors, jusqu'en 1669, les miracles continuèrent. Enfin, le pape Clément IX, pressé par un grand nombre de personnages illustres, nomma une commission de cardinaux pour procéder à sa canonisation, dont la cérémonie eut lieu en effet dans la basilique du Vatican, le 28 avril 1669 ; le pape Clément X approuva son office l'année suivante, et fit insérer son nom dans le martyrologue romain ; depuis lors, le nom de la sainte devint de plus en plus célèbre. Le bruit de ses vertus et des merveilles qu'elle opérait se répandit non-seulement dans toute l'Europe, mais encore dans les pays les plus éloignés, par le moyen des missions. De toutes parts on écrivait aux religieuses de Notre-Dame-des-Anges pour obtenir de ses reliques. Ces saintes filles, tant pour la gloire de Dieu que pour l'honneur de leur bienheureuse

mère, déchirèrent ses voiles et ses autres vêtements et en envoyèrent des parcelles en France,
en Espagne, en Autriche, en Belgique, en Angleterre, dans les Indes Orientales et Occiden-
tales. Elles firent tant de générosités semblables
qu'elles restèrent dépouillées de tout ce qui lui
avait appartenu : mais aussi ce ne fut pas sans
succès, car partout on lui érigeait des autels, on
lui dédiait des chapelles, on vénérait ses reliques,
et plus la dévotion croissait, plus les miracles se
multipliaient. Ils devinrent beaucoup trop nombreux pour que j'entreprenne de les rapporter.
J'en citerai seulement quelques-uns, à mon ordinaire.

Une petite fille de la campagne, nommée Mar-
guerite, fille d'un fermier du monastère, courut
un jour un grand danger. Ses parents l'avaient
laissée seule à la maison pour aller à leurs ouvrages. Lorsque le soir fut venu, elle voulut sortir
pour aller au-devant d'eux. Au moment où elle
franchissait le seuil de la porte, un bœuf se présente à sa rencontre et entre dans la maison. La
petite fille ne pouvant se mettre à l'écart, parce
que la porte était trop étroite, et n'ayant pas eu
le temps de reculer, tomba sous les pieds de l'a-
nimal; le maître du bœuf qui le poursuivait,
voyant de loin tomber l'enfant, la crut écrasée
sous les pieds de cette bête; mais quel fut son

étonnement, lorsque arrivé auprès d'elle, il reconnut qu'elle n'était ni blessée ni même épouvantée. Il la prit par la main et la conduisit à son père, qu'il avertit de rendre grâces à Dieu pour l'avoir délivrée d'un aussi grand danger. Alors le père interrogeant sa fille, lui demanda : « Qui
» t'a donc tirée de dessous les pieds de cette bête
» furieuse qui devait t'écraser? — C'est une
» sainte, lui répondit-elle, qui m'a prise par la
» main et m'a fait passer entre les jambes du
» bœuf. — Une sainte, reprit le père, et comment était-elle vêtue ? avait-elle une robe
» blanche ou noire ? — Noire, répondit l'enfant;
» et elle avait aussi un voile noir sur la tête. —
» Tu veux dire que son voile était blanc, reprit
» le père, pour l'éprouver. — Non, non, ré-
» pondit-elle; il était bien noir, comme celui de
» cette sainte qui est dans ma chambre, à qui je
» dis souvent un *Ave Maria*. » (Elle voulait
parler d'une image de notre sainte.) On lui fit
souvent raconter son histoire, et l'on ne reconnut
dans ses divers récits ni contradiction ni variation,
malgré les questions captieuses qu'on ne manquait
pas de lui faire. Deux ans après, ses parents
l'ayant menée à Florence pour remercier sa libératrice, la sainte, en faveur de son innocence,
leur accorda un nouveau bienfait.

Après avoir entendu la messe dans sa chapelle

et prié devant sa châsse, qui ce jour-là était couverte, on la conduisit au parloir. En y entrant,
elle dit aux religieuses présentes : « J'ai vu une
» sainte aujourd'hui dans l'église. — Oui, ré-
» pondirent quelques-unes des mères, vous en
» avez même vu plusieurs. — Je ne parle pas de
» vos images, qui sont contre la muraille, reprit
» l'enfant : je parle d'une sainte bien plus belle,
» qui est couchée sous l'autel et qui ressemble à
» celle-ci, ajouta-t-elle en montrant le tableau
» de sainte Magdeleine qui était dans le parloir.
» Cependant elle est encore plus belle ; elle a une
» robe noire et un manteau blanc, un voile
» blanc et puis un noir par-dessus, une cou-
» ronne d'argent couverte de perles très-bril-
» lantes ; mais cette couronne ne ressemble pas
» à celle de mon image qui est dans ma cham-
» bre : elle est bien haute. » Et en disant cela,
elle mettait la main au-dessus de sa tête, pour
donner une idée de sa hauteur. Les religieuses
étonnées, pour s'assurer mieux qu'effectivement
elle avait vu la sainte, lui dirent : « Vous vous
» trompez, mon enfant ; elle était sur l'autel,
» et non dessous, n'est-ce pas ? — Il y en a bien
» une sur l'autel, répondit-elle : mais elle n'est
» pas aussi belle que celle que j'ai vue dessous.
» — Quelle est sa posture, lui demandèrent les
» mères ? — Elle est couchée, répondit l'enfant,

» et elle a les mains jointes. » Elles ajoutèrent
encore quelques questions, et les réponses de l'enfant se trouvèrent toutes conformes à la vérité.
Quand elle fut sortie du monastère, sa mère lui
dit : « Pourquoi ne m'as-tu pas avertie que tu
» voyais la sainte? je l'aurais vue à mon tour. ——
» Ce n'était pas possible, maman, répondit la
» petite fille ; vous avez de trop grands yeux ;
» moi je voyais bien parce que les miens sont
» petits. ——Cette sainte est-elle bien grande,
» reprit la mère? —— Comme ma nourrice, ré-
» pondit l'enfant; mais sa figure est bien noire,
» ses mains ne le sont pas autant. — T'a-t-elle
» dit quelque chose, lui demanda la mère? —
» Oui, répondit-elle ; elle m'a dit que je sois
» bonne, et j'ai répondu que je le voulais bien. »
Or, aucun de ses parents n'avait vu le saint
corps, et l'autel étant fermé ce jour-là, elle n'a-
vait pu le voir elle-même naturellement; elle
avait donc eu évidemment une vision surnaturelle.

Quintius Firmanus, habitant de Florence,
avait un fils nommé Jean-François, qui menait
une vie tout à fait dissolue. Passant un jour avec
lui devant l'église de Notre-Dame-des-Anges, il
le pria d'entrer avec lui, pour rendre leurs hommages ensemble à sainte Magdeleine ; ce mauvais
fils répondit brusquement : « Non, je ne le veux
» pas. » Le père lui ayant demandé la raison de

son refus, ne put obtenir aucune réponse : « Du
» moins, répondit ce bon père, nous entrerons
» dans l'église de l'Annonciation pour réciter un
Ave Maria. » Il y consentit, mais à peine eut-
il fléchi le genou, qu'il se releva et reprit le chemin de la porte. Quand ils furent sortis, le père
lui demanda pourquoi il s'était retiré si promptement : « Parce que, répondit-il sèchement, il
» faut que nous fassions nos affaires. » Ce pauvre
père accablé de douleur, le laissa là, et s'en fut
au tombeau de notre sainte ; après avoir prié
longtemps pour le salut de ce malheureux, il dit
tout haut : « Sainte Marie-Magdeleine ! je vous
» livre mon méchant fils, afin qu'il soit désor-
» mais à vous, sauvez-le et sauvez son âme. Si
» vous le convertissez et qu'il soit sauvé, cette
» charité vous fera honneur ; mais s'il continue
» sa mauvaise vie et qu'il soit damné, ce sera à
» vous d'en rendre compte ; car, à partir de ce
» moment, il n'est plus à moi, il est à vous. »
Après ce discours, il sortit de l'église ; mais il y
revenait tous les matins entendre la messe, et ne
manquait pas de rappeler à la sainte le présent
qu'il lui avait fait. Cependant ce malheureux continuait à marcher dans sa voie criminelle, et pour
y mettre le comble, il vola son père et quitta la
maison.

Un mois s'était écoulé depuis le départ de cet

enfant prodigue, lorsque un matin, poussé par une inspiration que lui avait obtenue la sainte, il se rendit dans l'église du monastère lorsque son père s'y trouvait. Un ami de celui-ci s'étant approché, lui demanda s'il savait où était son fils; sur sa réponse négative, il lui demanda s'il lui serait agréable de savoir où il était : le père ayant fait un signe affirmatif, cet ami le lui montra retiré dans l'angle d'une chapelle, où il paraissait prier avec une ferveur extraordinaire. Ce bon père fut transporté de joie, mais par prudence, au lieu de s'approcher de lui, il se retira dans une chapelle opposée, où, sans être aperçu, il pouvait le voir tout à son aise. Ce jeune homme revint à la maison et parut tout changé. Tous les jours suivants, le bon père, de sa chapelle écartée, avait la consolation de voir son fils toujours à la même place; il découvrit encore que ce jeune homme faisait la dévotion des cinq vendredis, qui se terminait par la confession et la communion (c'était une pratique établie en l'honneur de la sainte). D'un autre côté, son changement de vie était remarquable : au lieu de passer les nuits dehors comme il faisait auparavant, il revenait de son travail au coucher du soleil; après avoir soupé avec sa famille, il se retirait dans sa chambre, et là passait trois ou quatre heures en oraisons, prosterné devant une grande image de Jésus-Christ. Son père n'eut pas de peine à croire que ce changement était l'ouvrage de la sainte à laquelle il l'avait recommandé. En conséquence, il continua à la prier avec une nouvelle confiance d'achever ce qu'elle avait si bien commencé. Le jour de l'Assomption de Marie étant arrivé sur ces entrefaites, il fut pris d'une fièvre violente qui se continua jusqu'à la fin de septembre, et il eut la consolation de voir son fils lui rendre les soins les plus tendres et les plus assidus; cependant son mal augmentait tous les jours, et se voyant réduit à une faiblesse extrême, il eut recours à sa chère sainte Marie-Magdeleine, la priant de lui obtenir la guérison ou la mort; alors elle lui apparut accompagnée de deux autres saintes, et lui demanda : « Laquelle de nous trois voulez-vous » pour votre protectrice? — Vous, ma chère » sainte, répondit-il sans hésiter. — Eh bien ! » reprit Magdeleine, dans trois jours la fièvre » vous quittera. — Et nous, lui dirent ses deux » compagnes, nous serons aussi vos protectrices. » Après avoir ainsi parlé, toutes trois disparurent à ses regards.

Le troisième jour après cette apparition, son fils le voyant guéri., lui dit que se sentant très-fatigué, il désirait respirer l'air de la campagne : « Très-bien, répondit le père ; mais de quel côté » comptez-vous diriger vos pas ? — Vous le sau-

» rez plus tard, mon père, lui dit-il. » Le lendemain matin, il sortit de la maison de très-bonne heure, et prit la route de Castel-Franco, où il avait une sœur religieuse, nommée Hippolyte; il la fit demander au parloir, et, après quelques instants de conversation, se leva pour continuer son chemin; celle-ci voulut le retenir, mais il lui dit que ce n'était pas possible, parce qu'il avait des affaires pressantes. Cependant s'étant ravisé, il lui demanda une feuille de papier, et fit une lettre à son père pour lui demander sa bénédiction, ajoutant qu'il allait à Cortone, avec l'intention d'entrer chez les Capucins; ensuite il le pria d'attendre une année entière pour lui répondre, en l'avertissant que si cette réponse arrivait plus tôt, il la brûlerait. Après avoir cacheté sa lettre, il la remit à sa sœur, en la priant de la retenir trois ou quatre jours, et ensuite de la faire parvenir à son père par une occasion sûre; elle la reçut et lui promit d'exécuter ses intentions; mais tout ce mystère lui donnant de l'inquiétude, principalement parce qu'elle savait qu'il avait blessé un homme, pour se venger d'une injure qu'il en avait reçue, elle le supplia de lui faire connaître la cause et le but de son voyage : « Je vais à Cortone, lui répondit-il, pour traiter avec un seigneur d'une affaire importante que vous ne tarderez pas à connaître. » Cela dit, il lui fit ses adieux et sortit. Hippolyte, qui avait connu la mauvaise vie de son frère et n'avait rien su de sa conversion, éprouva d'abord une vive inquiétude ; mais, après l'avoir recommandé à la divine Providence, elle se tranquillisa et fit la commission dont il l'avait chargée. Le père, après avoir lu la lettre de son fils, éprouva la joie la plus vive. Son premier soin fut de remercier sa bienfaitrice ; après quoi, il écrivit à son fils un billet qui ne contenait que ces seuls mots : « Je vous donne de grand cœur ma » bénédiction. » Il entra en effet chez les Capucins, et s'y conduisit de manière à faire espérer qu'il deviendrait un bon religieux.

CHAPITRE XXXI.

**Deux expositions publiques du corps de sainte Magdeleine,
et sa dernière translation.**

N événement vint encore augmenter
la dévotion des Florentins pour leur
sainte compatriote. Je veux parler
d'une exposition du saint corps qui
eut lieu, en 1670, de la manière suivante. Une
procession, présidée par le cardinal de Médicis,
accompagnée du grand-duc de Florence, et suivie d'un peuple nombreux, où se mêlaient toutes
les conditions, partit de l'église des Pères-Carmes,
le 11 juin de ladite année, et la bannière de la
sainte en tête, se dirigea vers l'église de Sainte-
Marie-des-Anges. On avait élevé d'avance, au
milieu de la nef, une estrade d'une dimension

majestueuse et couverte d'étoffes d'un grand prix,
et sur cette estrade était un temple formé de pan-
neaux de cristal, enchâssés dans des colonnes et
autres ornements dorés, qui renfermaient la châsse
de la sainte. Ce petit temple était porté par trois
statues d'argent qui représentaient la pauvreté, la
chasteté et l'obéissance; idée fort ingénieuse,
puisqu'elle faisait reposer la gloire de Magdeleine
sur les trois vœux qui la lui avaient principalement
procurée. Cependant cet appareil magnifique était
fort défectueux, et Dieu permit que l'architecte
ne remarquât le défaut que lorsqu'il n'était plus
temps d'y remédier, pour avoir occasion de re-
hausser encore la gloire de sa servante : il paraît
qu'en élevant son estrade, il avait supposé plus
de hauteur à la châsse qui renfermait le saint
corps; en conséquence, elle se trouva beaucoup
trop élevée, et il en résultait que ce précieux objet
de la cérémonie n'était presque pas visible. Lorsque
la procession fut entrée dans l'église, il se fit un
cri universel, non d'admiration pour la richesse de
l'appareil, mais de mécontentement sur ce qu'on
ne pouvait discerner le corps de la sainte. On eut
beau se dresser sur la pointe des pieds, employer
des lunettes d'approche, la curiosité ne put être
satisfaite; la chose demeura en cet état pendant
trois jours, et pendant tout ce temps les plaintes
ne discontinuèrent pas. Enfin, le quatrième jour,

la bienheureuse voulut contenter ce bon peuple ;
en conséquence, elle sortit de sa châsse et se
tourna du côté de la foule. Le bruit de cette
merveille s'étant répandu dans la ville, tous les
habitants accoururent, et ceux dont la curiosité
avait été si cruellement trompée les trois premiers
jours, ne furent pas les derniers à venir la satisfaire ; du reste, la sainte leur en donna tout le
temps, car, jusqu'au quinzième jour, elle demeura
constamment suspendue dans les airs. La surprise
des religieuses fut grande, car elles savaient que la
châsse était fermée à double clef, et, par excès
de précaution, elles avaient lié le saint corps à
son lit de repos, à peu près par tous les membres.
L'étonnement des prêtres et des nobles qui avaient
gardé jour et nuit ce précieux dépôt ne fut pas
moins grand ; ils n'avaient vu personne monter à
l'estrade, et ils savaient qu'il n'y avait ni escalier
ni échelle pour y monter. Tout le monde fut donc
convaincu que cette élévation du saint corps était
une œuvre surnaturelle, et on ne douta pas que
la sainte n'eût fait ce miracle pour récompenser
la piété de ses concitoyens.

Il arriva encore, pendant cette solennité, un
autre miracle que fit la sainte en faveur des religieuses du Parthénon. La supérieure ayant prévu
que cette fête amènerait beaucoup de monde dans
sa maison hospitalière, avait commandé d'avance

à l'économe de faire d'abondantes provisions. L'économe exécuta les ordres de la supérieure, et eut soin, avant tout, de faire moudre vingt-quatre boisseaux de froment. Lorsque la quinzaine fut terminée, les étrangers continuant à arriver en foule, l'économe craignit de manquer de pain ; elle dit à la sœur converse chargée de l'aider dans son office qu'il fallait envoyer au moulin de nouveaux sacs de froment : « Que ferai-je de cette nouvelle » farine, ma mère, répondit la converse ; je ne » saurais où la mettre, car les coffres sont tous » pleins. Ce n'est pas possible, reprit l'économe, » après avoir consommé une si grande quantité » de pains. Venez voir, ma mère, lui dit la con- » verse. » Elles montèrent ensemble au grenier, et cette mère voyant, en effet, les coffres aussi pleins qu'ils étaient avant la solennité, courut raconter le fait à sa supérieure. Celle-ci fit venir la sœur converse, et lui demanda comment il se faisait qu'après une si grande consommation de farine, la provision ne fût pas diminuée. La sœur répondit qu'elle ignorait comment cela s'était fait, qu'elle savait seulement que les extractions ne laissaient point de vide pendant la fête, comme à l'ordinaire. Cependant elles avaient fait cuire, pendant trois semaines, six boisseaux de farine par jour. La supérieure ne pouvant douter que ce ne fût là un miracle de la sainte, voulut aller lui en rendre grâce avec toute sa communauté. En conséquence, elles partirent toutes pour l'église de Notre-Dame-des-Anges, où, après avoir vénéré le saint corps, elles chantèrent un *Te Deum*. Cette farine miraculeusement multipliée servit, pendant tout le mois de juillet, à nourrir le monastère, et la prieure voyant qu'il en restait encore, jugea convenable de la distribuer aux personnes dévotes qui en demandaient de toutes parts, et cette farine devint l'instrument d'une foule de miracles.

En 1676, le saint corps fut exposé de nouveau à la vénération publique, et voici à quelle occasion : Il y eut cette année-là une grande sécheresse dans toutes les terres de la domination du grand-duc de Florence. Depuis le commencement du printemps jusqu'à ce que le blé montât en épi, pas une goutte de pluie ne tomba du ciel. Aussi les épis étaient-ils si maigres, qu'à peine on y trouvait dix ou douze grains, en sorte que la famine paraissait inévitable. Le grand-duc, instruit de cette calamité, voulut que son peuple recourût à Dieu par les mérites de sainte Magdeleine pour laquelle il avait une tendre dévotion. Il demanda donc que le saint corps fût exposé dans l'église du monastère, le jour de sa fête, c'est-à-dire le 25 de mai. Il prescrivit, en outre, une procession solennelle où le clergé et la magistrature devaient se trouver en corps, et la cessation du travail, comme dans les dimanches et fêtes, pendant les trois jours de l'exposition : ainsi tout le peuple eut la facilité de prendre part à ces supplications communes.

Le 24 mai, veille de la fête, les officiers du prince qui voulait prendre sur lui tous les frais de cette exposition, se rendirent à l'église du monastère après les vêpres, et mettant aussitôt la main à l'œuvre, ils élevèrent au milieu de la nef un autel d'un fort bel effet. Cet autel, haut de huit coudées, était environné de plusieurs rangs de degrés, sur lesquels on plaça deux cents chandeliers d'argent, qui reçurent des cierges de trois livres, afin qu'ils pussent brûler pendant les trois jours de l'exposition, et qui, réunis, formèrent le poids de trois mille huit cents livres. L'autel fut couvert d'un coussin de soie rouge dont la frange dépassait les bords. Un riche dais le surmontait, et ses rideaux de soie blanche bordés de franges d'or flottaient au loin et allaient se rattacher aux murailles. Le pavé de l'église était revêtu de tapis phrygiens d'un grand prix. Une multitude de vases d'argent, chargés de fleurs de toute espèce, décorait non-seulement l'autel de l'exposition, mais tous les autels de l'église, et spécialement celui où reposait le saint corps.

Le lendemain, à un signal donné, toutes les

religieuses se rendirent à la chapelle de la sainte ; une d'elles entonna le psaume *Eructavit,* et la procession, précédée de la croix et des porte-flambeaux, commença à défiler dans le cloître, dont elle fit le tour pour revenir à la porte intérieure de la sacristie. Elles marchaient deux à deux, le voile baissé et des torches à la main. A mesure qu'elles approchaient de la sacristie, elles se disposaient en lignes contre les murailles, pour laisser passer les anciennes qui portaient le saint corps sur un brancard couvert d'une étoffe de soie rouge, brodée en argent et d'un très-beau travail. Au passage de la précieuse relique, elles tombèrent à genoux, et celles qui la portaient arrivèrent à la porte où le clergé l'attendait prosterné. Les plus élevées en dignité prirent le brancard, l'élevèrent sur leurs épaules, et s'avançant lentement dans l'église, furent le déposer sur l'autel, au son des cloches et au bruit de l'orgue qui exécutait une musique pleine de grâce et de majesté.

Pendant ce temps-là, la cour et la magistrature s'étaient réunies dans l'église métropolitaine, où les attendait le corps du clergé. A la treizième heure du jour, la procession se mit en marche ; elle était formée du clergé de toutes les paroisses de la ville, des chanoines de Saint-Laurent, de Saint-Jean, de Saint-Pierre et du chapitre métropolitain. Derrière lui marchaient deux diacres portant sur leurs épaules les reliques de saint Zénobin, suivis de l'officiant en chape. Pendant tout le trajet de l'église métropolitaine à celle du monastère, on chanta les litanies des Saints pour obtenir de la pluie par leurs puissantes intercessions. Lorsque la procession entra dans l'église de la sainte, les chantres entonnèrent le *Laudate Dominum, quoniam bonus est psalmus,* qui fut suivi d'une antienne convenable. Pendant ce temps-là, un évêque célébra la sainte messe à l'autel où reposait le saint corps. Quand elle fut terminée, les chantres entonnèrent l'hymne de la sainte et la procession s'en retourna. Après son départ, on ferma les portes de l'église, et le nonce du pape dit la messe au même autel. Ensuite on rouvrit les portes, qui ne se fermèrent plus pendant le jour, tant que le saint corps fut exposé ; mais on eut soin d'y placer des gardes pour maintenir l'ordre et prévenir toute irrévérence et tout accident. Ces gardes étaient du choix de la mère prieure, qui eut lieu de se féliciter de leur présence ; car, en faisant très-bien leur service, ils édifièrent beaucoup par leur décence et leur piété. Dans l'après-midi, les religieuses chantèrent les vêpres solennelles, qui furent suivies d'un sermon par le P. Vincius de la compagnie de Jésus. Le prédicateur fit un brillant exposé des grâces qu'avait reçues sainte Marie-Magdeleine, et fit voir comment, par sa fidèle correspondance, elle avait mérité les honneurs dont elle jouissait sur la terre et dans le ciel. Ensuite, pliant son discours avec habileté à la circonstance, il exhorta puissamment l'auditoire à faire pénitence pour faire cesser cette sécheresse désolante qui n'était qu'un châtiment. Lorsque la nuit commença, les gardes fermèrent les portes de l'église, couvrirent la châsse, après avoir essuyé la poussière qu'elle avait reçue pendant le jour, et ne laissèrent que vingt cierges allumés, placés de manière à n'avoir rien à craindre des étincelles. Ces gardes étaient un noble choisi par la prieure, l'inspecteur des travaux publics et deux ouvriers. Il y eut aussi constamment deux religieuses au chœur, pour vénérer le saint corps et demander la pluie par les mérites de Magdeleine. Aussitôt qu'il fit jour, l'église fut ouverte de nouveau au peuple assemblé déjà depuis longtemps sur la place publique. Pendant toute la journée, il y eut un concours immense, non - seulement de Florentins, mais de paysans des alentours et de citoyens des villes voisines. La place était parfois tellement encombrée qu'il était difficile de parvenir jusqu'à l'église. Outre cela, il ne se passait pas une heure, sans qu'on vît arriver quelque confrérie de la ville ou des environs. Quelques communautés de religieux vinrent aussi processionnellement rendre hommage à la sainte. Cependant cette affluence n'amena aucune confusion, grâce au bel ordre qu'établirent les gardes. Ayant eu l'idée de faire circuler la foule autour de l'estrade, on entrait et on sortait sans se rencontrer : aussi vit-on régner dans ce saint lieu un silence qui favorisa singulièrement la dévotion. Cent seize prêtres vinrent célébrer les saints mystères, ce jour-là, en l'honneur de la sainte ; et il n'y en eut pas moins les deux jours suivants. Le grand-duc vint aussi avec la grande-duchesse et toute leur cour, et assistèrent à l'office qui fut chanté avec toute la solennité possible.

Le quatrième jour, à l'heure de midi, l'église fut fermée. Alors le doyen et les chanoines de la métropole descendirent le saint corps sur une table moins élevée. Après avoir prié un instant et fait toucher à la châsse des fleurs, des chapelets, et autres objets de piété, ils la chargèrent sur leurs épaules et la rapportèrent à son autel, en chantant l'hymne des Vierges. Quand elle y fut replacée, le supérieur entonna le *Te Deum*, qui fut chanté par la communauté, et l'oraison d'action de grâce termina la cérémonie.

Cette exposition avait été faite, ainsi que nous l'avons dit, pour obtenir la cessation de la sécheresse qui désolait les campagnes. Or, Dieu se laissa toucher par les supplications d'un peuple qui faisait valoir auprès de lui les mérites d'une sainte si chère à son cœur. Dès le premier jour de la cérémonie, le ciel se couvrit de nuages. Cependant la pluie ne tomba pas encore. Ce ne fut que la nuit suivante qu'elle descendit abondamment sur les campagnes altérées. Dans la ville, ce fut très-peu de chose, encore cessa-t-elle avec le lever du soleil, comme si Dieu eût craint d'empêcher la foule de se rendre au tombeau de sa servante. Il en fut de même les deux jours suivants, la pluie tombant légèrement pendant la nuit, et cessant au retour de l'aurore; mais lorsque le saint corps fut rentré dans le lieu de son repos, et que toutes les décorations eurent été reportées au palais et au monastère, le tonnerre se fit entendre et une grande pluie commença à tomber, sans vent, contre l'ordinaire, et continua toute la nuit ainsi que le lendemain. Ce ne fut qu'un cri dans tout le pays pour attribuer ce bienfait aux mérites de sainte Magdeleine. Aussi trouva-t-elle des cœurs reconnaissants; car, aussitôt que cette pluie salutaire eut cessé, le prieur et le peuple coururent à son église pour lui rendre des actions de grâces; et le *Te Deum* fut chanté de nouveau avec une grande ferveur. Cela ne suffit pas à la dévotion du grand-duc; il fit chanter le lendemain une messe solennelle dans l'église de sa paroisse et y assista avec toute sa cour. Les jours suivants, toutes les confréries de la ville se rendirent successivement à la chapelle de la sainte, où elles chantèrent aussi le *Te Deum*, et demandèrent à baiser le voile qu'elle portait sur sa tête, faveur qui leur fut accordée. Le cinquième jour de juin, on vit paraître un édit du prince qui convoquait le clergé et la magistrature à une procession solennelle pour le lendemain. Elle vint, en effet, en chantant le *Te Deum*, à l'église de Sainte-Marie-des-Anges. Une messe de la sainte Trinité fut célébrée au grand-autel, après laquelle on chanta l'antienne *Veni, sponsa Christi*, avec l'oraison de la sainte. Le prince fit prendre, les jours suivants, des informations sur les effets de cette grâce, et il apprit à sa grande satisfaction d'abord que pas un champ de ses États n'avait été privé de cette pluie salutaire, ensuite que le peu de grains que renfermaient les épis avaient acquis un tel volume que la moisson ne laisserait rien à regretter.

Un an après ce miracle, les religieuses, interrogées par moi sur ses suites par rapport à la religion, en rendirent le compte suivant, qui fait autant d'honneur au cœur qu'à la foi des habitants de Florence : « Depuis l'exposition du saint » corps, on a donné à notre église plusieurs an-» neaux garnis de pierres fines, quatre colliers » en diamants, un crucifix, une garniture de

» chandeliers et des vases de fleurs en argent,
» des cassolettes et trente-deux lampes de même
» métal, plusieurs calices, des ornements sacer-
» dotaux, des nappes d'autel, des aubes, des
» corporaux en grand nombre. Un homme gé-
» néreux a fait don d'une table de communion
» en marbre. Un autre a donné un fonds suffi-
» sant pour entretenir un chapelain habituel,
» dans l'intérêt des pèlerins. Le nombre de
» ceux-ci est si grand que, depuis le matin jus-
» qu'au soir, il n'y a plus moyen de fermer l'é-
» glise. Dans les jours de fêtes de la sainte
» Vierge, et autres qui se rencontrent le ven-
» dredi, jour où l'on honore plus spécialement
» notre sainte, huit prêtres suffisent à peine pour
» entendre les confessions, et le nombre des
» communions s'élève à peu près à trois mille.
» Treize mille huit cent soixante-dix-huit messes
» ont été dites à nos autels; et nous avons reçu
» quarante-neuf mille cinquante-cinq honoraires.
» Nous voyons souvent des princes et seigneurs
» des villes et États voisins que la dévotion attire
» au tombeau de la sainte, et qui nous deman-
» dent avec instance la faveur de contempler ses
» restes précieux. Chaque fois que le grand-duc
» quitte Florence ou y rentre, il ne manque ja-
» mais de visiter sa sainte chérie. La grande-du-
» chesse est entrée plusieurs fois dans le monas-

» tère, pour la considérer de plus près et la prier
» avec plus de ferveur. Elle nous envoie aussi de
» temps en temps des princesses étrangères, qui
» paraissent fort touchées à la vue du saint corps.
» On ne cesse de nous demander des reliques
» pour tous les pays du monde. Nous avons reçu
» six mille huit cent quatre-vingt-quatre livres
» de cire en cierges et bougies pour faire brûler
» devant son tombeau. Les vœux arrivent de
» toutes parts en témoignage des grâces reçues
» par l'entremise de la sainte. Nous en avons
» douze cent quatre-vingt-seize offerts par les
» seuls Florentins. Les miracles sont innombra-
» bles ; déjà cent quarante-huit ont été prouvés
» par des procès-verbaux. »

Je finirai ce morceau curieux, autant qu'édi-
fiant, par une lettre que la mère prieure m'écrivit, de sa propre main, tant en son nom qu'en
celui de la communauté tout entière : « Que la
» divine bonté soit toujours glorifiée. Nous avons
» déjà des obligations bien grandes, et pour ainsi
» dire infinies à votre compagnie, et notamment
» à plusieurs de vos pères qui depuis longtemps
» travaillent avec tant de zèle à nous procurer
» les biens spirituels ; mais voilà que vous les
» augmentez encore par le nouveau service que
» vous voulez bien nous rendre. Lorsque nous
» avons appris que Votre Révérence s'occupait

» pour la gloire de Dieu et l'honneur de sa ser-
» vante, à écrire sa sainte vie, cette nouvelle a
» été pour nous toutes le sujet d'une joie indi-
» cible, ne désirant rien plus que de voir cette
» glorieuse vierge connue partout et partout hono-
» rée. C'est pourquoi nous ne cesserons de lui
» adresser nos humbles prières, afin qu'elle vous
» obtienne les grâces et les lumières pour accom-
» plir parfaitement en ce point le bon plaisir de
» la divine Majesté. »

En 1685, une nouvelle chapelle ayant été
construite par les générosités du prince et de la
famille de Pazzi, il se fit une dernière translation
du saint corps avec la plus grande pompe possible ; mais j'en supprime les détails pour ne pas
fatiguer mes lecteurs.

Je conclus enfin cet ouvrage par la prière touchante qu'adressait à notre sainte le P. Puccini,
son premier historien : « Ame bienheureuse, tant
» que vous vécûtes dans le monastère, vous n'é-
» pargnâtes ni vos travaux ni vos peines pour
» diriger des filles qui vous étaient chères dans
» les voies de la sainteté. Or, si vous les aimâtes
» si tendrement pendant votre vie fragile et mor-
» telle, combien plus les aimez-vous maintenant
» que vous habitez la cité de la charité, le
» royaume de l'amour. Obtenez-leur donc, je
» vous en supplie, le courage et les forces dont

» elles ont besoin pour acquérir les vertus solides
» qui conduisent à la gloire éternelle. Ne per-
» mettez pas que le serpent infernal souffle ja-
» mais sur elles le poison de la discorde, ou leur
» enlève cette obéissance qui est la mère de la
» paix. Faites que toutes ces vierges consacrées
» à Dieu s'attachent de plus en plus à l'obser-
» vance religieuse, et qu'elles s'appliquent tou-
» jours, avec un nouveau zèle, à suivre les avis
» salutaires et les ordres des supérieurs. Inspi-
» rez-leur un si grand amour pour la pureté du
» cœur et de la conscience, qu'elles soient prêtes
» à donner mille vies plutôt que de consentir au
» moindre désir qui déplairait au Seigneur. Con-
» firmez leurs supérieures dans l'esprit de la sainte
» pauvreté, afin qu'elles vivent dans un parfait
» détachement et le maintiennent par leur auto-
» rité dans le monastère. Rappelez-leur souvent
» la nécessité de suivre en tout la volonté de
» Dieu, de pratiquer constamment la mortifica-
» tion, tant intérieure qu'extérieure, pour arri-
» ver à la perfection où Dieu veut les faire mon-
» ter. Pour ce qui me regarde, ô ma fille ! je
» ne vous demande qu'une chose ; c'est de tenir
» la promesse que vous m'avez faite tant de fois,
» et surtout à votre lit de mort, lorsque vous
» reçûtes de ma main les derniers sacrements,
» **de me protéger auprès de Dieu, pendant tout**

» le temps que je passerai dans cette triste val-
» lée de larmes. Maintenant donc, ô âme bien-
» heureuse ! tous consolés et réjouis par l'espoir
» que vous priez pour nous, nous attendrons de
» la miséricorde de Dieu, avec une douce con-
» fiance, l'entrée du paradis où nous serons
» éternellement témoins de votre gloire et de
» votre félicité. »

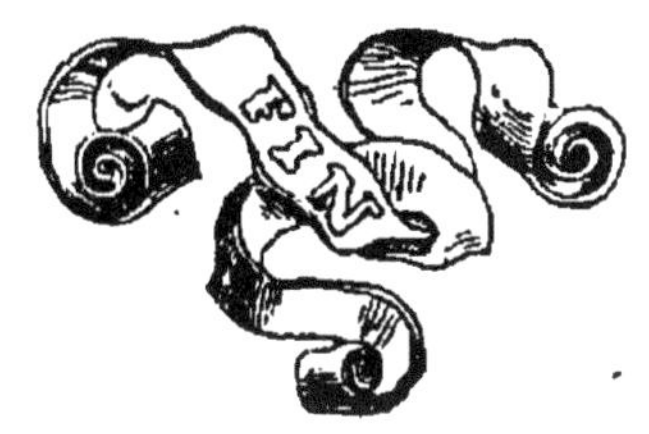

TABLE DES CHAPITRES

CONTENUS DANS LE TOME SECOND.

FIN DE LA TABLE.

CORBEIL.— Typ. et stér. de CRÉTÉ FILS.

9 782013 505499